悟り

サットグル・シュリー・マハーヨーギー・パラマハンサ 著

東方出版

この書を　古《いにしえ》の聖賢たち　真理を求めるすべての人に捧ぐ

サットグル・シュリー・マハーヨーギー・パラマハンサ

序

ブッダは二千五百年前に真理を悟ったとされる。インドでは、何千年も前から多くの聖賢たちが真理を探求してきた。

――「私」という存在は何か

――人は何のために生きているのだろう

――世界とは何だろう

――神とは何だろう

人間は、ときおり自らの存在の意味を問いかける。純粋で素朴な問いであり、年齢や人種、時代を超えた本質的、普遍的な疑問である。遥か古代の人々も同じような疑問が心をよぎったことだろう。科学技術が発達した現代においても、人はこの素朴な問いかけに心を悩ませることがある。この問いは、答える価値のあるものだろうか。私たちが人生の中で経験するさまざまな出来事以上に意味のあることだろうか。そして、この答えを手に入れた人はいるのだろうか。

この問いに答えることが悟りであり、それは、自分自身の真実の姿に目覚めることだと

いわれる。真実はすでに誰もの内にあり、私たちが為すべきことは真実を覆い隠す障害を取り除くだけだと教えられる。

では悟りとはいったい何だろう？　それを実現するにはどうしたらいいのだろう？　それが限られた行者のものではなく、すべての人に開かれた道であるなら、現代に生きる私たちもまた、古来の聖賢たちのように悟りを実現できるに違いない。

ヨーガは、数千年前の古代から真理とそれを実現する道を伝えてきた。悟りを体現したヨーギーたちによって綿々と伝えられてきた。私たちが道を歩むときにもまた、ヨーギーから教えを学ぶ必要がある。

シュリー・マハーヨーギー・パラマハンサは、師を慕う熱心な弟子の求めに応じて、さまざまな場所でサットサンガを開かれてきた。サットサンガは、文字通りには真理の集いという意味であるが、聖者の下に人々が集まり、真理やそれを実現する道、あるいは人生の難問や悩みについての問答が行なわれる神聖な場を意味する。聖者との直接の交流、直接の導きが何よりも必要なことであり、古来、サットサンガは最も大切な学びの場として

位置付けられている。

師が住まわれているマハーヨーギー・ヨーガ・アーシュラマ（京都）では、毎週土曜日の夜にはたくさんの弟子や訪問者が集まり、真実の教えについての問答が繰り返されてきた。サットサンガは、ニューヨークや大阪でも開かれ、国籍を問わず多くの人々がシュリー・マハーヨーギーから教えを授かり、道を歩む力としてきた。

この本は、京都、大阪、ニューヨークで行なわれたサットサンガにおけるシュリー・マハーヨーギー・パラマハンサの珠玉の教えから、特に大切な教えを抜粋したものである。シュリー・マハーヨーギー・パラマハンサは、とても穏やかな、静かな口調で教えを説かれる。それは、一つ一つの言葉が、あたかも清らかなひとしずくの水となって心の汚れを洗い落とすかのようである。心を悩ませていた事柄はいつしか消え去り、心は波一つない湖面のように澄み渡る。そのようなとき、心の奥深くに秘められている、みずみずしい自らの本性に触れる。これほどの純粋な歓びが自らの内にあったことに驚く。そのような言葉を超えた次元で師は人々を導かれるのだ。シュリー・マハーヨーギー・パラマハンサのような聖なる存在との交流は、人に量り知れない恩恵をもたらすだろう。

素朴な問いかけの答えは単純であるに違いない。それは誰にとっても等しい答えになるだろう。悟りとは何か、それを実現するにはどうしたらいいのか、一人一人がシュリー・マハーヨーギー・パラマハンサの教えから学び取ってほしい。急ぐことなく、一つ一つの教えについて深く考え、瞑想の中でそれを確かめ、日常において実行して体得していってほしい。「教えを聞き、熟考し、瞑想し、実行して体得する」ことがヨーガである。

あなたが本書を通して、シュリー・マハーヨーギー・パラマハンサの存在そのものに触れることができますように。

最愛なる師、サットグル・シュリー・マハーヨーギー・パラマハンサに敬愛と感謝を込めて。

オーム・タット・サット　オーム

八歳の頃、サットグル※・シュリー・マハーヨーギー・パラマハンサは、何の前触れもなく、ごく自然にニルヴィカルパ・サマーディという無念無想の完全なる真実の意識に没入

し、真の自己であるアートマンを悟られた。

その後十代において、シュリー・マハーヨーギー・パラマハンサは、日本ではまだほとんど知られていなかったヨーガを自発的に実修される。師は強烈なアーサナ（ヨーガの体位法）を修練され、瞑想によって世界の理《ことわり》、心と身体の仕組みを徹底して解明されていった。如何の知識にも頼らず、師はヨーガの真髄を自らの実践によって体得していかれた。師は速《すみ》やかにすべてのヨーガを成就し、それらが悟りを実現する真実の道であることを明らかにされた。

その頃から、まるで蓮の蜜を求めて蜂が自然に集まるように、道を求める人々がシュリー・マハーヨーギー・パラマハンサの聖光に惹き付けられ、師の導きを願うようになった。一九七六年、京都にある師の実家にマハーヨーギー・ヨーガ・アーシュラマが設立される。以来、アーシュラマには数多くの人々が訪れ、真理の教えを授かるようになった。

師の教えは独特であり、ご自身の実践体験に基づき、そして教えを請う人の資質を見て対機的に導かれる。専門的で難解なヨーガの教えを、現代人にも理解できるように平易に

説き明かされ、私たちが日常の中でどのようにヨーガを実修し、成就することができるのかを指し示された。師の比類のない叡智と深い慈愛に触れた多くの人々は、真実の道を見いだし、歩み始めた。

一九九六年、二人の弟子の招きを受け、シュリー・マハーヨーギー・パラマハンサはニューヨークを訪問される。彼の地の求道者たちもまた、真実の光を放つ師に魅了された。同年、弟子たちはマハーヨーギー・ヨーガ・ミッションを設立し、師の教えを人々に伝えるべく活動を開始した。

シュリー・マハーヨーギー・パラマハンサは、究極の自由というこの上ない至福の内に永遠に留まる真正の師である。

現在、師は二つの都市を中心に世界各国を行き来し、最もふさわしく、直接的な方法によって求道者たちを導かれている。彼ら自身が根源の完全なる自己であるということに気付くために。名前、性別、人種、国、宗教を超えて――。

マハーヨーギー・ヨーガ・ミッション編集部

※「サット」は真実、「グル」は師、「シュリー」は敬称、「マハーヨーギー」は偉大なヨーギー、「パラマハンサ」は大聖者の称号を意味する。弟子たちは正式には、「サットグル・シュリー・マハーヨーギー・パラマハンサ」と呼ぶが、敬愛を込めて「ヨーギー」もしくは「ヨギ」と呼ぶこともある。

目次

悟り

凡例

① 本書はサットグル・シュリー・マハーヨーギー・パラマハンサが、京都・大阪・ニューヨークで行なわれたサットサンガ（真理の集い）において、訪問者や弟子たちに語られた教えの精髄を抜粋したものである。その期間は、二〇〇〇年五月から二〇〇六年二月にわたっている。

② 師の教えは、常に対機的（相手の気質や理解に応じて導くこと）であり、基本的に質問に対する答えとして説かれている。質問者に資格や制限はなく、初めて集いに参加した人から師の下で長年実践を続けている弟子まで、また国籍や年齢も多様であり、その内容も多岐にわたっている。

③ 本文横に付した＊印は、巻末の「用語解説」（二二〇〜二三三ページ）にその語が掲載されていることを示している。主にサンスクリット語に由来する独特な用語なので、用語解説を大いに活用していただきたい。

④ 本文横に付した※印は、章末にその語の注があることを示している。

吉祥

命の尊さ

「一切は苦である」という格言があります。それは死ぬことが最大の苦しみならば、老いることも病むことも、ひいてはその肉体を持った、つまり生まれたということ自体が苦しみの原因にほかならないという理由《わけ》です。そうすれば、この誕生日というものが忌まわしいものとなり、とてもじゃないけれど祝うべきものではないはずです。しかしこれはある面から見た一面にすぎない。

確かにこの世界というものと肉体と心が織りなす交差の中でそれは真理であります。しかし常に変化してやまない世界、肉体そして心を諦《あきら》めることによって、真実を見つけてそれを実現することによって一切は歓喜となります。――このことを悟ることができる、それに触れることができるのは生まれてきたからなのです。これをもって肉体の誕生は吉祥なもの、喜ばしいものに変わります。

古来、聖賢たちは人に生まれること、そして真実を探し求めること、それを実現することのできる人としての命を、たいへん尊いものと教えてきました。まさにこの人として生まれたという、その誕生は本来吉祥なものであるはずなのです。一切が苦であると見てしまっていたのは心の過ちであったことを知るでしょう。

真理とは永遠に変わらないものをいいます。それはいつか現れるのではなく、すでに在り、今も在り、これからも在り続けます。それは変化することもなく壊れることもない、ましてや無くなることはありません。この真理なる歓びを悟り得る人として生まれたこと、この誕生を、皆それぞれの中で歓び、吉祥なものとしてください。

御聖誕祭にて、師のお言葉より

二〇〇三年十一月二十三日(日曜日)　京都

真の自己

外は激しく雨が降っている。今日のサットサンガ*（真理の集い）はいつものメンバーに加え、クラスから数人、そして大阪から長石さんが参加。現在制作中である『ヨーガの福音*』（英語版）の表紙の原案を皆で見ながら、和やかにサットサンガが始まった。そのうちの一人が『ヨーガの福音』の内容について質問をする。アーシュラマ*は静まりかえり、雨音が際立つ中、ヨーギーが話し始められた。

絶対不滅の存在・意識・至福

ヨーギー「真理とか真実というのは昔から決して変わらないものですから、いろんな国、いろんな言葉で伝えられてきています。特にインドは古い歴史をもっていますし、聖典も非常に豊富に残っています。一口にヴェーダ*と称するものです。それは本当に長い、何千年という時間の中、文字のない時代から、師から弟子に伝えられてきたものです。やがて文字が生まれ、書き留められるようになって、それが聖典として認められるようになりました。

それらの古典に接してみると、時代は変わっても、あるいは場所、文化や習慣が違っても、人としての心とか、悩みであるとか希望であるとか、さまざまな思いというのは共通

しているものが見受けられます。そしてその歴史の中では、さまざまな事柄に対する問いかけと解答が試みられてきました。究極的にはこの世界、そして私たちの存在そのものはいったい何なのかという問いかけです。もちろん神という言葉も古くからありましたし、神への畏怖やあるいは祈願、さまざまなものが見受けられます。もっと進めば、素直な気持ちで『神とは何なのか』『もし神が在るのなら神を見なければいけない、いや、神に接することができるはずだ』という思いをもって、昔の方々はひたすら瞑想に励み、修行に励んだことと思います。

それで、その存在というリアリティですね。通常私たちは感覚器官を通してこの物質を存在として認識しています。例えばここに一つの茶碗があるとするなら、これは存在しますね。でもこの茶碗という形は時間の流れの中で、過去においては茶碗ではなかった。未来の時間の中では、これは粉々に壊れて茶碗ではないかもしれない。つまりこの茶碗は、絶対永遠のものではないということです。だから存在という言葉、あるいはリアリティというものに対しても、いったい何が永遠のものなのか。茶碗を例に挙げましたけれども、私たちのこの身体もそうです。いつか生まれて成長し、大きさを変えながら、男や女や、あるいは動物や植物、さまざまな姿を取りながらやがてなくなります。心という面を

見ても同じです。子供の頃にはああいう思いがあった、こういう思いがあった。少年になり少女になり、成人したらまた違う思いが心を満たすでしょう。その時その時はそれが心にとってはリアリティです。でもそれは変化していますから永遠ではありません。ここでも絶対的存在の意味が壊れてしまいます。

人生には幸せな時もあれば不幸な時もあります。嬉しい時もあれば悲しい時もある。どちらもが永遠ではありません。唯一そんな変化の中で変わらないものがあるとするなら、それは不滅の価値をもっているであろう、もっていなければならない。神と称するもの、もしくは真実、あるいは私という本当の意識です。これもまたその内容の真実を確かめるまでは、まだあやふやです。神という言葉、あるいは神という存在は一つの宗教が教えるから成り立つというものではないのです。神はどんな宗教も、どんな哲学も、どんな言葉も、何をも頼りとはしません。それだけで自立して、自存しているものです。そうでなければ、神はどこかの宗教の家来に隷属してしまうから。真理というものは何ものをも超越している、それでいて一切万物の基礎になっている。それは永遠に変わらない不滅の存在であるということが認められます。ただ心はそれを知らない。

私たちは通常、私はこう思う、私はこう感じる、私は……というふうに、私という言葉

を第一人称の主人公にして、さまざまなこの世における経験、思いを述べますけれども、その私というものが何を指しているのか、本当は誰も知らない。つまり本当の私を誰もまだ気付いていない。もし私は幸せであると思ったならば、それは永遠にそうでなければならない。苦しみや悲しみ、あるいは悩みなどが起こるはずがない。それは幸せと矛盾するものですから。でも時々私たちは、私は幸せであると言った次の日にはもう不幸のどん底に落ちてしまう。そんなふうに私がころころと変わるようでは、私というのはいったい何なのかということになります。

ここで冷静にそのありさまを分析してみると、こういうことが言えるんですね。例えば身体――お腹が痛くなっても頭痛でも、『私はお腹が痛い』『私は頭が痛い』と言いますけれども、これを正確に言うならば、『私のお腹が痛い』『私の頭が痛む』となるのかもしれない。例えば片手がなくなったとしても、私の片手がなくなったのであって、私が欠けた、なくなったのではないですよね。私は私であります。なくなったのは、あるいは傷ついたのは身体の部分です。目が見えない人も、耳の聞こえない人も、言葉を話せない人も同等に私は同じです。……そうでしょう？　だから私という第一人称の意識は、身体の健全性とか欠陥性を意味しているのではないということです。

これは心についても同じことです。心を満たす幸福感、あるいは心を暗闇に誘う絶望感、それはこの世の経験として味わう心の領域のものです。だから今言った身体と同じような表現を使うならば、『私の心が喜んでいる』『私の心が苦しんでいる』と言うのが正確でしょう。しかし通常私たちの私はその心に巻き込まれてしまっています。だからいろんな出来事に振り回されて、幸せになったり不幸になったり、喜んだり悲しんだり、あるいは凶暴になったり、時には慈悲を起こしたり……。

これが最も身近な学ぶべき、知るべき真理です。私というのは何者であるのか。そう、私というのは変わらないのです。身体の状態がどうであれ、世界のありさまがどうであれ、また心がどういうふうに反応しようが、それらをすべて、ただ知っている、見ている――そういう意識のことです。もちろんそれは自我意識ではありません。自我意識というのは自己と他を区別する自己中心的な意識のことをいいます。それは心の領域のものです。心を造り上げている一つの大きな柱です。本当の私というのはそれをも知っている、さらにその奥にある意識のことです。

本当に不思議なメカニズムですけれども、誰もが私という自分を意識しているに違いないのですから、自分が自分を知らないということはないはずです。でも今言ったような、

心と真我の意識との区別——別ものであるという——これがはっきりと識別されれば、一切の迷いや悩みは解消していきます。学ぶべきことはそれです。そしてそのための具体的な方法が瞑想であり、またそれを調えるために呼吸や身体を調節していくわけです」
訪問者「ちょっと難しかったんですけれど、心以外にあるんですか、もう一つ」
ヨーギー「今、自分が心の中で何かを思ったり考えたりしているでしょう。そのことは客観的に知っているでしょう。客観的に把握できるでしょう……。その把握している意識というのは、変わらない意識としてそこに在ります。心はいろんなことを思います。時には熟睡して何も分からないようにもなりますし、現に今、心が何かを感じたり思ったりしていることも全部分かっていますね。その意識のことです」
　ヨーギーはゆっくりと一人一人にダルシャン*（祝福）を与えられる。静寂の中に屋根を叩く雨音が響く。
チェータカ「ポール・ブラントンの『秘められたインド』の中で、ラマナ・マハリシ*が、『すべての人は永続する幸福を求めているという点、それからすべての人が結局は自我という自分をいちばん大切にしているというその二点から、人は真の自己を求めているということが理論的にも類推できる』と言われていますけれども、この世の中で僕らが何かを求め

て動くこと、また自分を守ろうとか、大事にしようとすることというのは、やっぱりすべてがそこにつながっているのでしょうか」

ヨーギー「ええ。この世にあるものは人間のみならず、動物も植物もみんな――宇宙全体が自らの幸福を求めています。そこには生存競争も起こるし、さまざまな淘汰も起こってくるわけですけれども、それは幸せの追求を原理としていることに間違いありません。でもそこで利己的幸福か、それとも没我的、無我的な幸福かというところが大いに分かれるところです。つまり誰もが幸福を主張するばかりに他者の幸福を奪うという……宗教の名においてもそのようなことはしばしば歴史の中では起こってきたことです。利己のため、幸福を願うばかりに他者を征服したり、奴隷にしたりということもありました。

幸福の探求、あるいは追求という動機はどこにでもあると思うのですが、例えば泥棒だって、泥棒に聞けばたぶん盗むことが幸せだと、彼なりの主張をするでしょう。それを警官や裁判官に尋ねれば、彼らもまた同様に悪人を捕まえること、そして裁くことが自分たちの幸福であると言うかもしれない。みんながみんなそうでしょう。だからもう一歩進んで、普遍的幸福とか絶対的幸福とか、その矛盾のない答えを見いだすまでは、まだそれは真理とは成り得ないものです。だけど幸福という限りにおいてはその幸福が永遠の

もの、壊れないもの、普遍のものをそこに暗示しているし、またそれを望むということは、それを意識しているということです。

インドのヴェーダーンタ*という哲学の中では、真理を表す言葉として、サット・チット・アーナンダ*があります。サットというのは存在という、リアリティのことです。これは絶対に永続した在るものです。壊れたり、なくなったり、変化もしない、永遠に在るものです。そしてチットというのはそれを知る意識のことです。アーナンダは至福、まぁ幸福のことですね。だから私たちの本質が真理であるサット・チット・アーナンダなのです。だけど心に無知のヴェールがかかり、真理を忘れて誤った考えがそこに入り込んでくることによって、そのサット・チット・アーナンダの内容が利己的なものとして反映されてしまう。

私たちがこの世界で幸福を追求するのはなぜか。そしてそれが永続することを願うのはなぜか。それを意識していたい、満喫していたい、幸福に浸りたいと願うのはなぜかというと、実は、私たちの真実そのものが純粋な至福なのだから、それを反映しているのかもしれない。ただ無知のせいで誤ってしまった。つまり、この世界というのは変化していくものだから、決して永続するものは何もない。この銀河系宇宙も、大宇宙でさえもが刻々

と変化しているということも最近分かっています。それこそ小さな塵《ちり》に至るまで、細胞のレベルで何もかもが変化して、同じように存在しているのではないのです。だからこの世界の中でその幸福をつくり上げようというのは、いわば砂上の楼閣《ろうかく》のようなことになってしまう。そうして嘆き悲しむというのが、犯しがちなことですね」

チェータカ「麝香鹿《じゃこうじか》が、どこかから漂ってくる魅惑的な匂いの出所を求めて荒野を駆けずり回って、結局は見つけることができずに息絶える。その香りはその鹿の眉間から出ていたという話がありましたけれど、それもこの世の現象の中の真実として……」

ヨーギー「そうですね。それをもっと端的に表した古い聖典の教えがあって――神は人間の身体に九つの穴をすべて外向けに開けられたと。それで人は内を見ることができないので外にばかり目を向けて、本当の幸せというものが自分の中にあるにもかかわらず、それに気付かない、という一節がありました。九つの穴というのは、目、耳、鼻、口、そして生殖と排泄器官のことです。まぁそういうことですね、麝香鹿のお話も。幸せは私たちのこの心の奥にあるのですよ。だから外にばかり目を向けて、この世界の中で幸せをつくり上げようというのは、誤った考えになってくる、幻想のようになってくるのです。でも、だからといってこの世界が偽りのもの、夢のようなものとして虚無的になってはいけな

い。それもまた誤った方向です。なぜならこの世界の表面は、形ある世界は変化して永遠ではないけれども、私の本質が真実の存在であるし、同時にこの宇宙万物の本質が同じそれなのですから。この世界、万物も愛《いと》おしいもの――愛すべきものです。（訪問者に）分かります？ とっても大事なところですよ。虚無的にならないように。簡単に言えば私たちの心が正しい真理を学ぶことによって、この世界も正しく理解することができるということです」

チェータカ「ヨーガを始めて最初にアーサナ*（体位法）をしますよね。毎日続けていって、数カ月目には平穏な感じとか、いわゆるシャーンティ*（平安）という満たされたような、落ち着いた状況を体験することもありますよね。そしてヨーガの深まりとともに、少なくともヨギさんの下で二年、三年とヨーガを学んでいれば、内にある喜びを条件なしで感じるというようなことも起こってくると思うんですけれど、それはやはりその本質の一端に触れているというふうに解釈していいのですか」

ヨーギー「そうです。俗に悟りという言葉は昔からありますけれども、真実、真理のことです。それは誰もの本質ですし、誰もの中にすでに在るものですから、誰かがそれを与え

るものでもなければ、本人がそれを獲得するものでもないのです。自らの中から出てくる、そういうものです。ただ、本質としてそれは在るのだけれども、何かがそれを邪魔している。ちょうど月を隠している雲のように、あるいは霧のように。それが実は心の仕業です。心というのは完全な存在、代物《しろもの》ではありません。心は全知全能ではないのですから、だからこそ学ぶわけです。やはり真理について学ばないといけない。そうすることによって心が邪魔をしなくなった時、自らの中から本来の幸せ、至福というものが現れてきます。そうして雲が立ち込めないような、つまり悩みのない、悩まされないような状態——境地が実現します。

あれもこれも知りたい、あれもこれも獲得したいというのは全部心の仕業です。純粋な意識はそんなこととは全く無関係です。それ自身で充実したものですから。端的に言えば、それだけがリアリティです。一切変化のない永遠のものです。それが私たちの誰もの本質です。古来、神という言葉で呼んでいた偉大な存在は実はそれだった。神というのは単なる代名詞です。神というのは永遠の存在のことです」

それからしばらくの間、ヨーガの実践についての問答が続く。アーサナ・瞑想クラスに来始めて間もない方に向かって、

ヨーギー「ヨーガの学びはおもしろいですよ。学校の勉強よりもずっとおもしろい。この宇宙のからくりや、いろんな謎が解けてくるようになって楽しいと思いますよ。

誰もが幸福と同時に自由というものを願っていると思います。でもこの世界はいろんな制限があります。昼がくれば夜はやってくるし、夜はまた朝が征服する。この身体も心もつかの間の自由を味わっても、すぐに不自由を感じてしまいます。でもそれは何かの条件というものに執らわれているから、どうしてもその結末は不自由になってしまう。だけどその魂という本体、本質そのものはもともと幸福であり、また自由です。全く不自由がない。つまりは我という利己的な私と、この世界に対する執着──幸福であれ、自由であれ、所有しようとする──それが結果においてこの世界では成立しないから、不自由を味わってしまうわけです。だから利己的な我と我がものという思いを取り除いてやれば、自由です。もう執着するものがないのだから。

それはちょうどこの手で何かをつかむこと、執着というのはつかむことです。(片方ずつの手で物をつかむ動作をされながら)これをつかみあれをつかみしていると、この状態(両手

が塞《ふさ》がっている）はとても不自由です。（パッと手を開いて）放せば自由でしょう。またつかめるし捨てられる。（つかんで放して）自由自在！　こういうふうにして人生という中で対処できれば束縛感からも解放されます。たとえ良いものがきても執着しないで、また悪いものがきてもつかまないでいられる」

ヨーギーは軽快に笑われ、そして続けられる。

「現代における大事な言葉でもある愛もまた同じです。愛というのは何かといえば、今の自由の原理と同じです。愛するもの、愛する人、愛すること、それに執着すると苦しみが大きい。たぶんみんなも経験があるかもしれないけれど、愛の始まりはとっても純粋です。愛する人に自分を捧げようとするでしょう。何でも相手の気に入ることを、相手の喜ぶことをしようと努力する。でも、その愛が時を経ると、かたちを変えることがある。二人の人間の通い合わす愛が本当の愛に恵まれていればいいけれども、しばしばお互いの心の変化というものが微妙なひび割れを起こさせる。そんな時、愛という名の下に相手を束縛しようとか、時には憎んでしまうというようなことすら起こってしまう。当初の自らを捧げるという気持ちから、相手から自分に捧げさせるという、そういうふうに変化してしまうことがある。これは私たち人間が犯しがちな愛の姿です。もしその愛が純粋に移行してい

るならば、常に相手の幸せを願っているに違いないし、自分を喜ばせることよりもむしろ相手が喜ぶことをしようとするのが愛の姿だと思われる。だから人を愛することやいろいろなものを愛することは、とっても素晴らしいことですし、高貴なことですけれど、他者よりも利己という自分を愛してしまっているということにならないように、気を付けなければいけません」

長石さんは『プラナヴァ・サーラ』*と『ヨーガの福音』を読み、感銘を受けてヨーギーの下を訪れた。終始静かに教えを聞いていた彼女が遠慮がちに話し始める。

長石「毎週土曜日に集まっておられると伺って、初めて来させていただいたのが四カ月前で、今日は二回目。とても嬉しいです。ありがとうございます。

この間一緒に来た友人から頼まれたことを先にお伝えしたいと思いますが、彼もあの時一度だけお会いして、今アメリカに帰ってから四カ月になりますけれども、とても不思議なことに、常に彼のハートにヨギさんが来てくださっているということです。ありがとうございます」

ヨーギー（微笑まれて）「そうですか、いいご報告です」

長石「そして今度ヨギさんがニューヨークへ行かれるということを伝えましたら、いらっしゃる三カ月の間にニューヨークに伺いますと（ヨーギーは深くうなずかれる）。ヨーガを学んでいるわけではないのですが、前回お会いしました時、最後に『私たちがまた現実の世界に戻っていった時にすることを教えてください』とお聞きしましたら、『完全に奉仕をすることに努めなさい』と言ってくださって、この四カ月間、電池が充電されたように本当に助けになりました。何かを判断しなければいけない時、常にこれが真理であるのかということを、瞬間瞬間……。彼にとってもそうでしたでしょうし、私にとってもその言葉とともに常にここ（ハート）に来てくださって。抽象的なことだけではなくって、私の状況もとても変わりましたし、それから私の置かれている立場というのがとても変わってきて、それがすごいなと思いました」

ヨーギーの下を訪れてから長石さんの身の回りでは本当にさまざまな変化が起こっているようだ。彼女はやや興奮気味に、それでいて気負うことなく軽やかに話を続けた。

そして、

「ゴールがずっと先でも、ゴールがあるということとか、答えがあるということ、本が最初でしたけれども教えていただいて、その後はこうしてお会いして、言葉とか、それから

その奥のものとかで伝えていただいていることが、私にとってはとてもありがたいことです。ありがとうございます」

ヨーギー「ありがとうございます。私はしばらく留守をしますけれど、みんなは同じように集っていると思います。またすぐに帰ってきますから」

数日後、ヨーギーは日本を後にされた。ニューヨークでも多くの人が師の祝福を待ち焦がれている。普遍の愛に、その真実に触れることを――。

二〇〇〇年五月二十七日（土曜日）　京都

永遠の真理

今年は記録的な早さで春が訪れた。「桜のつぼみがほころぶ頃にぜひ来てください」という弟子たちの願いに応え、暖かく晴れ渡る青空の下、師は大阪を訪問された。喜びに溢れる弟子たち。師は満面の笑みで応えられた。

一昨年秋に開講した大阪のクラスは、素晴らしい集中感の中で行なわれている。そしてそこに来ている人たちの真剣さ、ヨーガへの情熱の高まりが、今回初めて大阪でのサットサンガ（真理の集い）を実現させる原動力になった。*

日々の実修と瞑想法

ヨーギーが着座されてサットサンガが始まる。

その直後、先ほどまで澄み切っていた空から、突然スコールのような大粒の雨が降りだした。その小さな驚きが、緊張気味の皆の心をふっと素に戻したようなひと時だった。それから少し戸惑いながらも髙木さんが口を開く。彼女は昨年末から熱心にクラスに通っている。

髙木「私がどのように瞑想していけばいいか、方法を教えていただきたいのです」

ヨーギー「その前に、まずヨーガを日々実行していく上で必要なことが三つあります。

それは一つに、肉体を使った何らかの修行、修練を行なうこと。これは皆さんにとっては*アーサナ（体位法）、あるいは*プラーナーヤーマ（調気法）がそれに当たります。

今一つは、真理に対して理解を育むということ。具体的には正しい聖典を学んだり、真理の言葉について考え、そして正しい理解を育んでいくということ。

三つ目は、聖なるもの、神聖なものへの憧憬《どうけい》を深める。思いを馳せる、あるいはもっと……愛するかのごとく聖なる存在に集中する。

この三つを毎日実行することが*クリヤー・ヨーガ――クリヤーというのは実行するとか実践するという意味です。毎日行なうことによってこれがクリヤー・ヨーガとなります。

それで具体的に今の質問ですけれども、瞑想の対象は、これもまた大きく三つに分けることができます。

一つは識別を中心としたもので、これは通常の自分の思いとか行動などが真実に沿っているかどうか、矛盾していないかどうかを吟味する。これも聖典を学んでいったり、正しい真理の言葉を聞いておくことによって、自らの心の中にある思いが正しいかそうでないかということが識別されていきます。これが一つ。

もう一つは、誰もが自覚しているに違いないけれども、確実ではない私という自分、本

当の私というのは何なのか、その真実の自己、自分自身を探る、そういう探求の瞑想。分かりやすく言えば、通常は自分の経験やキャリア、能力、あるいは肉体や心、さまざまな社会生活において身に付いたようなものが自分と同一視されてしまっています。でも、それらは状況の変化の中で成立した一時的な状態にすぎないわけです。ある時は子供だった、ある時は青年だった、そして老人になる。男であれ女であれ、また年齢がどうであれ、私という意識は絶えず同じものがあるはずです。しかしその時々に出来上がった境遇みたいなものと同一視してしまって、本当の自分を見失っていることが多いのです。これが自分の境遇に対する幸福や不幸の味わいにもなっています。本当の自己というのは、境遇がどのように変わろうとも、中立的に、そして極めて客観的に、それらをただ知っている、それらを見ている意識のことです。その意識においては、個人的な差別や種などの差別というものもありませんし、これは普遍的な唯一の意識であるということが分かります。この本当の自己を知るということは、瞑想の大きな目的の一つです。

そしてもう一つの瞑想の対象は、神、もしくは神的存在、神聖な存在。そのような完全な存在に対して集中して瞑想していく。私たちが何かを思うときは、自分が有している肉体があるように、さまざまなものに対しても物質的な目で見ざるを得ません。抽象的な概念、

哲学や真理の言葉であっても、それはつかみどころのないものとして、なかなかそれを実現することは難しいです。しかしそんなとき、私たちと同じ身体を持った、この同じ地上を歩いた、そのような完全な存在があったなら、私たちはその対象をつかみやすくなるはずです。たとえそのイメージが同じ人間の形をしていても、その本質においては真実そのものであるし、全く一片の穢《けが》れもない、完全な姿として顕れているに違いありません。そのような神的存在、神、仏を具体的に表した姿というふうに理解すればいいです。その姿に対して強烈な憧れをもって帰依して、帰依というより愛という方が近いかもしれません。強烈に愛して、一つになるかのように近づいていくことです。そうすれば、その存在のもっている完全な真実そのものに自らが染められて、不純なものは消え去っていきます。

このようにして行なってください。ですから、これはみんなと共通でなくてもかまわない。自分の素直に愛せる存在を見つけて、それを自分の理想の神の存在とすればいい。これをイシュタ*というふうに呼んでいます。理想の神のことです」

真理は一《ひとつ》

ヴィショーカ「ヨギさんの教えに接する時には、シュリー・ラー*マクリシュナとかヴィ*

ヴェーカーナンダ、パラマハンサ・ヨーガーナンダ*の教えとの共通性を感じます。しかし、それらは十九世紀という状況の中で生まれたのであって、ヨギさんはそれを今の世、現代に適したかたちで、また違う表現というかたちで提供してくださっているのですね……。その共通性と特異性に関して、ご説明いただければと思うのですが」

ヨーギー「そうですね……昔からインドの聖典に有名な言葉が残されています。それは、

『真理は一《ひとつ》。見者たちはそれをさまざまな名で呼ぶ』

というものです。当然、悟っていようといまいと、真理というものは変わるものではない、同じものであるはずだ。ブッダもイエスも、共にその域にあったならば、二人の悟った真理は同じに違いない。微妙にでも違えば、どちらかが真理ではないということを意味しますから。そのように何も知らない子供でも、真理あるいは真実という言葉に対しては、共通の認識をもっているに違いありません。それは永遠のもの、変わらないもの、そして同じもの、二つとないもの、という内容です。しかし、その真理は何なのかということを、実際的に悟るということが問題になってきます。

そんな中で、その専門コースともいうべき教えが調ってきたものがヨーガといわれるようになりました。ヨーガの中心は瞑想です。そして瞑想によって、先ほど言いました瞑想

の対象の三つの内容、これをつぶさに体得したわけです。またブッダ――釈尊も、瞑想によって大いなる悟りを啓いたと伝えられていますから、彼もヨーガの成就者というふうに見なされます。

そして時代は二千数百年を経て、その中で人々が真理を忘れそうになった時、それを思い起こさせるように偉大な覚者たちが顕れてきました。近いところでは、今、ヴィショーカから名前が出た、十九世紀、コルカタ（旧カルカッタ）のシュリー・ラーマクリシュナという大覚者です。そしてその弟子で、世界中に真理を広めたのがスワーミー・ヴィヴェーカーナンダでした。この十九世紀の時代というのは、インドはまだイギリスの植民地に甘んじていましたし、一方では西洋文明が東洋を席巻《せっけん》していこうという、そんな激動の時代でもあったようです。日本は幕末から明治の初期というところでしょうか。そのように、より大きなかたちで東洋と西洋が接触する、その時代の先駆けでもあったわけです。今の二十一世紀になってみれば、飛行機の発達や情報手段の発達によって、世界中はとても密なコミュニケーションをするようになりましたが、十九世紀はまだその始まりの頃でした。それは当然異文化、異文明の衝突、あるいは宗教の衝突というものも含んでいました。その問題はいまだに解決しているようには見えませんが。

ともあれラーマクリシュナがそのヨーガの悟りの後に行なったことは、異なった宗教の真理をも自ら体得するというものでした。それは自らの背景であるヒンドゥー教やヨーガをいったん棄てて、一からキリスト教の宣教師について修行をする、そしてその真理を悟る。また時にはイスラムの僧侶の手ほどきを受けて、イスラム教の真理をも体得した。そこで彼が見たものは、真理は一であるということ。

ただ、見る者――見る者というのは覚者のことです、見る者はそれをさまざまな名で呼ぶ。インドの中においてすら、聖典では神という名称、または宇宙の絶対原理としての名称、あるいは真実の自己という名称、あるいは魂という名称、さまざまに呼び分けられています。でも、それらは哲学の違い、あるいは見る者の使う名称の違いだけです。もしも一人の見者が他の道をもってその究極を知れば、自ずとそこには同じものが見えるはずです。名称はあくまでも実体を呼びならわす象徴みたいなものですから、本質ではありません。真実そのものはどんな名称も、真理という名称も、神という名称も必要がない。それだけでもって真実そのものだと言わざるを得ません。そしてそれは、自覚できるのです――それが私たちの本質だから。宇宙の、この万物の本質でもある、その永遠の存在が私たちの本質です。これを自覚すること、自分が自分を知ることです。自覚、自分に目

覚める。これが究極の、ヨーガの全行程の、最終の体験となります」

真実在の悟り

訪問者「目覚めた時のその感覚というのはどのようなものなのでしょうか」
ヨーギー「これも例えて言うしかないのですが、皆さん、朝、目が覚めますね、パッと。その時に目覚めたって意識するでしょう。あれと同じなんです（皆笑）」
訪問者「当たり前のこと……」
ヨーギー「そうなんです。自分自身を意識しますでしょう、目覚めたって。するとその直前まで見ていたかもしれない夢の世界というのは、あぁ、夢だったんだと打ち消されます、架空のものだったんだというふうに。ちょうどそのように、その真実に目覚めると、夢の世界も、そしてまた起きている時、現世――この世界も同じ一つの夢のように理解されます」
訪問者「すべては一つという感覚が……」
ヨーギー「ええ、その意識の中では、一切の形あるものというのがないのです。自分自身のこの形もありませんから。しかし、その意識という存在はありありと、それだけが在る

のです。ですから本質においてはみんながそうです。その一《ひとつ》の絶対意識においては、絶対意識ですから相対的な何ものもないわけです。例えて言うとそれも真っ暗闇の、漆黒の中にパッと目が覚めるような感じでしょうか、そんなものに何の楽しみがあるのかと言われるかもしれないけれど。皆さんは常々、何であれリアリティを見ようとしますね。感じようとします。しかし、どんなに堅固なものであっても、何百年、何千年の時間の中では崩れ果てていきます。またさまざまなものが刻々と変化して、形を変え、姿を変え、永遠に同じものは何もありません。その存在においては、そのような不安も一切なく、まさにそのリアリティそのものだけが在ります。このリアリティを自覚すれば、たとえこの銀河系宇宙だって、大宇宙だって、全宇宙だって、儚《はかな》いものに映ります。

今これを究極的な『悟り』と言いました。その前段階においても幾つかの体験があります。それは絶対ではないけれども、ちょっと相対的な世界の片鱗が残っている体験。……例えば宇宙意識という言葉があります。これは自分自身の肉体や心が消えて、そして自分がこの大虚空の、宇宙の意識と一つになっている、あるいは虚空の意識の中に自分が浸透しているというような、宇宙的な感覚の意識を体験することもあります。また、あらゆるものの中に自分自身を感じるような、一つの存在意識のようなものを感じることもありま

す。その他無数に瞑想において体験することがありますが、しかし、先ほど話しました真実に目覚めるまで、それは進めていかなければいけないのです。そしてこの道のりが遠いように思ってはいけません。なぜならその真実がどこにあるのかといえば、自分の中に在るのですから。それがなければ皆さんはこうして肉体も持っていないし、この仮の存在すらもなかったのです。こうして在ること自体が、すべてにその真実が、存在が在るという証拠なんですよ。だから素直に、単純に、ひたすらそこに瞑想を深めていく、進めていくことで、その真実が体験されます。そうしてそれに目覚めます。

ヨーガの普遍性

これがインドにおいて数千年にわたって伝えられてきているヨーガの骨組み、中心の教えです。そしてそのためにはこうすればいい、こうしていけばいいというような細かなことが加えられていって、いわゆる体系という哲学も出来上がってきました。しかし、先ほどお話しした、十九世紀に顕れた――インドでは神の化身と伝えられている――ラーマクリシュナは、『そんな難しいことはどうでもいい』と、『もっと単純に……ただ、神を思いなさい、そうすれば神の方でも気付いてやって来てくれるから』と教えています。

インドに行かれた方はご存知かもしれないけれど、インドはたいへん保守的な国でもあります。宗教においてもそうです。いわゆるバラモン*という、聖なる儀式などをあずかっている人たちの権威というとなんですが、社会通念上でき上がってしまったものもあります。そんな時にラーマクリシュナやヨーガ行者たちは、そんな体制とは無関係に、全く荒れ野から出てくるように独り顕れて、真理を述べてきたようです。

お話ししたように、あらゆる宗教の中における一の真理というものが、ラーマクリシュナが後の時代、二十世紀、そして二十一世紀以降に託した大きなメッセージの一つだと思われます。それは世界中の人間たち、あるいは生きものたちの調和を施すため。ましてやそこで宗教の名において戦うことは——実際、歴史上の死者の数は宗教の名の下で行なわれた争いにおけるものが最も多いというふうにも聞いています——実に愚かなことです。ヨーガの場合はあまり宗教とはいいませんが、あらゆる宗教の真髄にのみかかわっていますから、それ以外の二元的な宗教、一般的宗教とは違うと思います。しかし二元的宗教にこだわっていれば、いつまでたってもこれは真理が一《ひとつ》であるということが認められません。みんな我が宗教がいいと思っているに違いありませんから。

ラーマクリシュナによって新たに悟られた真理は、その弟子、ヴィヴェーカーナンダによっ

てアメリカ、そしてヨーロッパへと伝えられて、いまだにその支部は世界中に増えています。インドにおいてはラーマクリシュナ・ミッション*と呼ばれています。そして私たちの名称は、マハーヨーギー・ヨーガ・ミッションという、同じミッションという名称を付けてもらっていますが、先ほどヴィショーカから指摘のあった共通する部分、共有する部分、これは多々あります。そして今もお話ししたように、真理が一《ひとつ》である以上、当然これは全く同じです。

特異な部分は……あえて言うならば、私が日本人として日本に生まれたということ。それ以前の長い歴史の中では、ヨーガを布教した人たちはほとんどがインドの人でした。そしてヨーガは普遍的なものである。民族も、文化も、肌の色も全く関係がない。それこそ真理は一《ひとつ》だからどんな宗教であってもかまわない。きっと同じ真実が悟られるだろうというのがヨーガの大いなるメッセージでした。（微笑まれて）私が日本人として生まれたのはこれを証明する一つの方法かもしれません。そうしてインド以外の人、つまり日本の人であれ、アメリカの人であれ、ヨーロッパの人であれ、アフリカの人であれ、アジアの人であれ、肌の色は関係がない、宗教も関係がない、それをみんなに具体的に証明してもらう。

そしてラーマクリシュナも試み、完全にマスターしたけれども、それは必要がないとして教えなかったアーサナの復活。これは正しいかたちでの復活が求められました。ヨーガ

というのは長い間ひっそりと大事に守られて伝えられてきた様子がうかがえます。それは確実に受け取れる弟子にのみ与えられ、そして代々伝えられてきたようです。そのため、今話したヴィヴェーカーナンダによって十九世紀末にアメリカで紹介されるまで、ヨーガはインド以外の国ではほとんど知られていませんでした。しかしいったん知られるやいなや、その素晴らしさに人々は熱中し始めたようです。そして二十世紀半ばの大きな戦争を挟んで、急速に世界中が交流し始めた中で、またヨーガもたいへん熱望され、実践されてきたようです。しかし戦後の急速なヨーガの流行は、一方では美容や健康という、単なる現世利益的な物質崇拝、健康崇拝に偏っていました——しかもアーサナを中心として。確かに聖典の中にもアーサナの効果として、身体が痩せ、肌の色が良くなり、声の音色が良くなるなど、さまざまな効能・効果が挙げられています。しかしそれは一時的な段階のことであって、それが目的ではありません。が、しかし、世の中の人々の心はやはり、そういうものに目くらましされて飛びついたようです。

アーサナを正しい位置に、これは昔から伝わってきたものですから、それをも正しく位置付けなければいけない。ですから私たちの行なっているヨーガの内容は、アーサナも取り入れて、しかしそれを速《すみ》やかに終わらせる——健康で強い、ヨーガ行者の身体という

ものがある程度調ってくれば、もうそれで用済みです。それ以上美容や健康にこだわるのはかえってマイナスになりますから。そうして瞑想して、本来のヨーガの目的を果たすというのが内容となっています。このところは特異なところと言えるかどうかは分かりませんが、ラーマクリシュナのミッション（使命）と比較すればという意味では、やや違ったポイントになるかもしれません。しかし私は、このアーサナを含んだヨーガの体系がヨーガの中心であり、しかも全体的な内容——*ラージャ・ヨーガや*ギャーナ・ヨーガ、*バクティ・ヨーガ、*カルマ・ヨーガ——をもっていると思います。これが本来は特異ではない、それが当たり前のことですが、今の時代となっては特異に映っているのかもしれません。

もう一度まとめますと、ヨーガというのは普遍的である。普遍ということは無差別に、あらゆる人にとって共有できる内容をもっているということです——その教え、方法について。当然、その真実は不異《おなじ》、一《ひとつ》です。これを悟るためにあります」

二〇〇二年三月三十一日（日曜日）　大阪

心と至福

七時五十分頃、日本から来ていた弟子たちが会場であるスーフィーブックス*に一歩入ると、すでにそこには誰もを静寂へと導くような神聖さがあった。いつものクラスとはまた違う緊張感だ。皆がそれぞれの思いをもってサットサンガ*（真理の集い）に臨んでいるのだろう。ヨーギーの座られる場所にはムートンが敷かれ、その横では女性が花を飾っている。また周りでは何人かが瞑想をし、その間にも参加者で席が埋まっていく。誰も言葉には出さないが、一心にヨーギーが到着されるのを待っているに違いない。

到着を知らせるアーナンダマーリーの声で皆が一斉に立ち上がると、ヨーギーが姿を見せられた。そして一同が合掌してお迎えする中、ヨーギーは微笑みながら合掌し、席に着かれた。誰もがヨーギーの瞳に吸い込まれているかのようだ。

この日のサットサンガは、ヤショーダーが、ある弟子の質問とそれに対するヨーギーのお答えを読み上げるかたちで始められた。

教えと体得

質問——ヨーガを学び始めた者として多くの教えを紹介していただきましたが、そのすべてが重要だとは思いません。それらを理解する必要があるのかもしれませんが。

ある人たちは教えの必要性を理解しなければ、それを受け入れません。言い換えると、信仰をもつこと、私自身が体験したことのないような教えを信じることが難しいのです。人は論理的な知識と教えを実際に体験することの両方がなければ、真の知識はもてませんが、どう思われますか？

シュリー・マハーヨーギー——結構だ。それでよろしい。ただし、経験せよ。そして体験の深まりとともに真実の信仰が生まれるのだ。

ヨーガは盲目的信仰を求めていない。むしろ具体的に自らの体験によって直観を得ていくべきだと教えている。その直観の結果がどうであるかはその人の心の資質に基づくということも知っている。資質を高めていくには学びと修行を深めていかなければならない。それを限りなく続けていくならば、それはやがて完全なもの（真実）に到着せざるを得ない。『ヨーガの福音』*"The Universal Gospel of Yoga"に書かれている真理は私個人の思い付きや思想ではない。何千年にもわたる覚者たちの見つけた真理である。それらは憶える必要はないが、心に留める必要はある。真理は東洋だけのもの

でもないし、ブッダやシュリー・ラーマクリシュナ*に限定されたものでもない。真理は普遍である。

例えば、不殺生、非暴力という戒律*がある。暴力や殺生がなぜいけないのか。犯罪だからか、社会的悪だからか、それとも倫理的・道徳的によくないのか。そんな理由からではない。「一切万物は平等であり、等しく尊い存在であるから、誰も何ものをも傷つける権利をもたない」という真理に基づいた教えなのです。しかし、現実社会においてはあらゆるところで暴力がはびこっている。その結果は我々が目の当たりにしている苦しみと哀しみである。これは真理を忘れ、無知を拠り所とした心がそのような行為をさせているわけです。だから、ヨーガの教えを特殊なものだと思わないで、普遍の真理――もちろんあなたの真実でもあります――を悟るように考えて瞑想してください。

瞑想するためにはその前に考えなければならない。考えるにはその前に学ばなければならない。学ぶためには熱意がなければならない。あなたは真剣か？

郵便はがき

恐れ入りますが
郵便切手を
お貼りください

5430062

大阪市天王寺区逢阪二の三の二

（受取人）

東方出版 愛読者係 行

〒

●ご住所

TEL

ふりがな

●ご氏名

FAX

●購入申込書（小社へ直接ご注文の場合は送料が必要です）

書名	本体価格	部数
書名	本体価格	部数

ご指定書店名	取次	
住所		

愛読者カード

ご購読ありがとうございます。このハガキにご記入いただきました個人情報は、ご愛読者名簿として長く保存し、またご注文品の配送、確認のための連絡、小社の出版案内のために使用し、他の目的のための利用はいたしません。

お買上いただいた書籍名

●お買上書店名

県　郡 市　書店

●お買い求めの動機（○をおつけください）

1. 新聞・雑誌広告（　　　）　2. 新聞・雑誌記事（　　　）

3. 内容見本を見て　4. 書店で見て

5. ネットで見て（　　　）　6. 人にすすめられて

7. 執筆者に関心があるから　8. タイトルに関心があるから

9. その他（　　　）

●ご自身のことを少し教えてください

ご職業　年齢　歳　男・女

ご購読の新聞・雑誌名

メールアドレス（Eメールによる新刊案内をご希望の方はご記入ください）

通信欄（本書に関するご意見、ご感想、今後出版してほしいテーマ、著者名など）

ヨーガのアーサナ*（体位法）や内容は、すべて生理的にも心理的にも哲学的にも科学のように説明が可能です。いつでも簡単にできます。しかし大事なことは、それらを知的に理解するよりも、体験によって良い変化を身体と心に与えてやることです。悟りとは単に知ること（知識）ではなく、成ること（体得）なのです。これが何千年にもわたる東洋の霊的修行なのです。真理はすでにあなたの中に在ります。しかしそれを気付かせないのは心の働きです。心は風、呼吸は水、身体は氷に喩えられる。これらはすべてH_2Oだが、風をつかむのは非常に難しい。そこでつかみやすい氷、つまり身体をアーサナによって制御するのです。そうすれば水、つまり呼吸は器に従い、呼吸が制御されれば心も制御されます。心が完全に制御されたなら、真の自己の自覚——すなわち悟りがあるでしょう。

心の浄化

いつものように中央前方に席を取ったカーンタが真っ先に質問をする。

カーンタ「マハーヨーギー、身体の清浄と心の清浄の関係について知りたいのです。これ

らはどのように働くのですか。身体が浄化されるとハートも浄化されるのですか。また、ハートとは何ですか。ハートと身体と心は清浄性において関係があると思うのですが」

ヨーギー「ここでいう身体の浄化とは、できるだけ健康で強くしなやかな身体を持つということです。しかし、たとえ病気を持っている方であったとしても、それが不浄であるとはいえません。身体は一つの道具です。その清浄か不浄かを決めているのは心です。ですから心の浄化こそが私たちが行なうべきことになります。心の不浄とは何か――それは真実を知らないこと。それを無知と呼びます。ですから速《すみ》やかにその無知を無くしてください。そうすれば心はもともとの清浄さを取り戻すでしょう。

今ハートという言葉が使われましたが、皆さんは通常ハートとマインドをどのように理解しているのでしょうか」

カーンタ「『純粋なハートは神を見る』といいます。ハートはサマーディ*（三昧）と関係しています。霊的な考え方では、ハートとは的確に言って何ですか。霊的な面でハートはとても大切ですよね」

ヨーギー「正しい理解だと思います。ハートは生理的な心臓をも意味するし、また中心というふうにも理解されます。確かにハートは中心につながっている心の重要な部分だと理

解されます。だからハートを熱くして真理の実現に進めていってください」

カーンタ「ハートとカルマ*（行為の因果作用）はどう関係するのですか。ハートの純粋度とどれだけカルマが残っているかは関係しているのですか」

ヨーギー「浄化されていくということがすなわち、カルマが少なくなっていくということを意味しています」

女性A「つまりそれはサンスカーラ*（心的潜在残存印象）や記憶はハートに残存しているということですか」

ヨーギー「記憶、しかもそれは過去の幾生涯から積み重ねられた膨大な記憶のことをサンスカーラと呼んでいます。それが記憶として心の一部分を形成し、それがハートやマインドに影響を与えると理解すればいい。善いカルマも悪いカルマもすべてサンスカーラという記憶に残されていきます」

女性A「ということは、ハートを浄化することがカルマをどんどん無くしていくということですか」

ヨーギー「善いサンスカーラを記憶させて、悪いサンスカーラを無くしていくということです。ここで善いと悪いという言葉が出てきました。これはヨーガにおいては煩悩性のあ

るものを悪い、煩悩性のないもの、あるいは煩悩を無くしていくものを善いというふうに分別しています」

女性A「それは心の中で起こるのですか。カーンタの質問の続きのようですが、私たちは習慣的に記憶をもち込んでしまいますが、すべきことは記憶に対してなのですか。ということは、私たちは瞑想の時にハートのチャクラ*（光輪）に集中するのが最もいいのでしょうか。ハートを浄化するのに最善の方法は何ですか」

ヨーギー「それも一つの方法です。善い悪いをもっと具体的に言えば、エゴと無知に従ったカルマが悪いサンスカーラとなり、真理に従ったカルマが善いサンスカーラとなります。この後者の方が浄化の力と成り得ます」

人を構成する五つの鞘《さや》と至福

女性B「五つの鞘《さや》*が人間を構成しているということですが、最奥にある鞘が至福なのに、なぜ真実の自己の実現を隔ててしまうのでしょうか」

ヨーギー「人間は五つの鞘のような構造をもっているという一つの学説がありました。ご存知ない方もあるかもしれませんので、もう一度ここで紹介しようと思います。

まず私たちの最も外側にあって、食物によって支えられている肉体があります。その肉体を内側から支えているのは、プラーナと呼ばれるエネルギー体（プラーナ体）です。そのプラーナ体をさらに内側から支えているのが想念体、想念の部分です。想念は認識によって支えられています（知識体）。そして五番目にその知識体を支えているものが、喜びの原理（福楽体）というものです。これはウパニシャッド*という、おそらく今から三千年以上昔から伝えられてきた聖なる教えの一つだといわれています。このときにこの五番目の喜びを指す言葉としてアーナンダ（ānanda）という言葉が使われています。このアーナンダは、その後ヴェーダーンタ*で使われるサット*・チット・アーナンダ（実在・意識・至福）を指すアーナンダとは少し意味合いが違っているのです。これを現代の言葉で訳すと、至福、喜び、楽、このような言葉が該当します。そして、サット・チット・アーナンダと名付けられるときには、そのアーナンダ（Ānanda）は大文字になります。このような違いがあることを理解してください。そうすると五番目の喜び、アーナンダ（ānanda）は根源のサット・チット・アーナンダのアーナンダ（Ānanda）から派生した小さなアーナンダというふうに理解できると思います。つまり大文字から小文字です。そういうわけで、この五つの鞘の向こうに大文字のアーナンダが在るのです」

質問者は、納得したようにうなずく。

カーンタ「もう一つ質問があります。九カ月も待ったのだから（笑）溜まっています。ヴィ*ヴェーカーナンダは、ラーマクリシュナの死後、ますます修行を深めて他の兄弟弟子たちに言っています。『お前たちがどう想像しようがラーマクリシュナの意識の偉大さを理解することはできないだろう』。僕はラーマクリシュナは無限の宇宙を知っていたし、無限の存在を知っていたんだろうとは思いますが、彼はどれだけのことを知っていたのですか。彼はサット・チット・アーナンダか何かのはずですが」

ヨーギー（笑われながら）「カーンタがよく勉強していることを知って嬉しい（皆大笑）。神は有限ですか、無限ですか」

カーンタ「無限」

ヨーギー「ですからラーマクリシュナも無限なのです」

カーンタ「オーケー。最後の質問です。人が死ぬ時にサマーディを体験するのですか。それとも別のものですか。人が死ぬ時に何かものすごい至福のような体験をすると聞きました。最も幸せなものを体験すると、それはサマーディですか、それとも別のものですか」

ヨーギー「通常人が死ぬ時にサマーディという言葉が使われることも事実です。真実を言えばこれは正確な使い方ではありません。しかし、ある生涯を終えた人は次の生涯を約束されています。つまり、死と次の生はどこまで繰り返されていくのかと言えば、サマーディによって悟りを得るまでなのです」

心の迷妄と本源への回帰

カルナー「マハーヨーギー、許すということについてお話ししていただけますか」
ヨーギー（少し間を置かれて）「それには複雑な理由も弁解もありません。真実は一《ひとつ》ですから、どこに許すものと許されるものがあるのでしょうか。そのことを知らない心に対しては許しなさい」
男性Ａ「どうしたらその心を許し、また、そのことを理解していないためにひどいことを続ける人々から妨害されたり、傷つけられたりすることを防ぐことができるのでしょうか」
ヨーギー「今も言ったように真実は一《ひとつ》です。各自はただそれの実現のみに目を向ける、努力をすればよい。一切合切はその中に含まれます」

パドミニー「各自の状況の違いはあっても、それを悟ることは可能ですか」
ヨーギー「可能です。すでにもう真理は在りますから」
男性B「なぜ執着を経験しなければならないのですか。なぜ私たちは物事や人に執着してしまうのでしょう。その執着に何か価値があるのでしょうか。そこに学ぶことがあるのでしょうか」
ヨーギー「そのことについて、歴史の中のすべての人類が悩まされてきました。そこでヨーギー*たちが見つけた答えはこうです。心が間違ったものにリアリティを見てしまっているから、この世界あるいは心の思いが、変わらない永遠のものでないのにもかかわらず、そこにリアリティをつくろうとする。リアリティという真実が、その奥に、自分の奥に在るにもかかわらず。この真実を見失って間違ったものに真実を見てしまっていることが、その執着の原因と考えられます。そういう理由で、心がその過ちに気付いた時が真実に回帰するポイントです。いったん心は苦しみや束縛を感じ、自由になろうともがいているのです、もとより真実という自由が在るにもかかわらず。このように見ると、心は自分で一人芝居をしているかのようです。そう、自分で縛って苦しんで、そして自分で解いて自由になる、という」

彼とその友人が大きくうなずいている。

ヴァイラーギー「ラーマクリシュナは*ハタ・ヨーガ（身体的修練を中心としたヨーガ）に対して否定的なことを言われています。*ボーディ・ダルマは中国の僧侶たちに肉体的な修行を奨励しました。マハーヨーギーはハタ・ヨーガをある程度行なうことを勧められています。そこには矛盾があると思いますが」

ヨーギー「いつの時代も覚者たちはそれぞれ大きな役目を担って降りてきています。ラーマクリシュナ自身はハタ・ヨーガもすべてマスターしていたそうです。しかし、それには全く意味がないとして、むしろ禁止しました。そしてハタ・ヨーガが属しているところの*ラージャ・ヨーガについても全面的には勧めませんでした。ご存知のように彼が熱を込めて説いたのは*バクティ・ヨーガ（神への信愛）です。それが最も安全で最も早道だからです。それは十九世紀のインドでの話です。インドはたいへん宗教的な国です。ヨーガのことも正しく理解しています。しかし、二十世紀になってヨーガが世界中に広まった時、ヨーガを正しく理解できた者は多くありません。それは目的と手段を混同してしまっている、ハタ・ヨーガはあくまでも手段の一部分にすぎないのに。しかし現実に世界中で流行してい

るのはハタ・ヨーガのようです。また、バクティ・ヨーガも正しくは伝わっていません。
そういう客観的な状況を見ると、ヨーガの全体を正しくしなければいけないことに気付かされます。悟りが重要なのであって、方法は無数にあるでしょう。しかし方法はあくまでも方法なのです。目的ではありません。このことを知らせ、ハタ・ヨーガをも正しい位置に戻すことが私の行なっていることです。それは『速やかにその段階を終了し、ラージャ・ヨーガに進まなければいけない』とハタ・ヨーガの聖典がいっているように。私の役割はそれを時々言うためです(笑)。今回ちょっと長く間隔があきましたけれど」
女性C「バクティ・ヨーガも方法なのですか」
ヨーギー「方法であり目的です。両方です」
女性C「もう一つ質問があります。先ほどもお話に出た鞘のことですが、心の鞘というと、二元性の心のことですか。心の鞘をどう説明されますか」
ヨーギー「その五つの鞘すべてが二元性の中にあります」
女性C「その五つの鞘すべてが二元性の心の中にあるということですか」
ヨーギー「その通りです」
女性C「根本に一なる存在があるのだとしたら、鞘はないのですか。鞘は一つの意識の中

に存在するといわれているのだと思いますが」

ヨーギー「ある見方をすれば、五つの鞘は存在しないのです。唯一の存在だけが存在します」

プリヤー「グル*（師）と弟子の関係についてお話しください」

ヨーギー「本来一つであったものが多に分かれました。本源の一を忘れた者はもう一度それを取り戻そうとします。確実な回帰法は、すでに真実なる、一なる者から与えられるものです。その時には多はもう存在しませんが、一だけが在ります。その過程の間だけ、グルと弟子という関係が存在します。そしてそれは数え切れないくらい無数の生涯の中で特別のつながりをもってきたものと理解されます。もちろん、その関係は一般的な社会における教師と生徒の関係でもなければ、取引でもありません。ただ、真実の愛によってのみ成立しているものです。これ以上の言葉は見つかりません」

プレーマルーパ「初めに紹介された内容に戻りますが、熱意が悟りに対する修行を促進させていくのだということでしたが、熱意がない理由は無知ですか、それとも他のもの

ですか」

ヨーギー「そうです。修行というのは無知、煩悩との闘いなのです。

インドのカーストというのを皆さん聞いたことがありますね。それは大きく四つに分かれていまして、感覚的な喜びを享受する奴隷の階級が最も下に置かれています。その上にさまざまな目的をもった庶民の階級があります。そして正義を重んじる武士の階級。最も上に置かれているのが真実の悟りを目的とするバラモン*という僧侶の階級です。一見これは社会的構造を表しているように見えますが、実は精神的な構造を暗示しているのです。

感情に溺れる官能的な心を奴隷と呼びます。そして、さまざまな営利目的をもった打算的な心を庶民と呼びます。ほとんどの人間が何らかの欲望、煩悩をもっていますから、このように庶民と呼ばれるのです。そして正義という善を愛する、これは宗教的にも社会的にも善きことのために闘っていくという心理状態の武士があります。内的に見れば、真理のために煩悩と闘う状態のことを指しています。そして真理を愛し、真理に奉仕する僧侶たる心が四番目です。だから、闘わなければいけない。そうでなければ、四つ目のところに進めないから」

プレーマルーパ「たまには休みを楽しんでもいいですか（皆大笑）」

ヨーギー（笑われながら）「戦士も休息が必要な時もあるでしょう（皆大笑）。でも、休息を取り過ぎないように。それだと、敵が見当たらなくなるよ」

ヴァイラーギー「マハーヨーギーのお話しになりたいことをお話しくださいませんか」

ヨーギー（間を置かれて）「私はいつも空っぽです。何を話したらいいのか、全く準備もありませんし、糸口をつかむことさえできないのです。今日も少しばかりお話をさせていただきました。しかし私はいつもこう思っているのです。皆さんの質問のその後ろに私の答えがすべてあるように思います。それに気付かないあなたたちのためにこの声が使われているのだと思います。言葉は言葉以上のものを語ることはできません。しかしそれを私たちは貧しい言葉で指し示さなければならないのです。言葉の役割は、ある地点まで心を連れていってくれることです。その限界を超えた時、皆さんの真実が覚醒します。それがもたらされる機会が増えるように、私たちは沈黙の中で瞑想をするのです。

時々は瞑想以外の時も沈黙を楽しむようにしましょう」

長い沈黙が過ぎる。ある者たちは瞑想を続け、ある者たちはヨーギーから*ダルシャン（祝福）を受けた。そしてダルシャンを受けた一人の女性の目からは涙が溢れていた。

ヨーギー（嬉しそうに）「サットサンガは素晴らしい。

こうして大文字のアーナンダと一つになるのだから。

しかし、*マーヤー（幻影）の時間が迫ってきたようです（笑）。どうぞ、その至福をハートにもって帰ってください。また来週お会いできることを楽しみにしています」

ヤショーダー「*ジャイ！　サットグル・シュリー・マハーヨーギー・パラマハンサ　キ！

*オーム・タット・サット」

皆「ジャイ！」

二〇〇二年五月十日（金曜日）　ニューヨーク

神と師《グル》

ヨーギーが到着されるとすぐに活発な質問が始まった。参加者の中には、サットサンガ[*]（真理の集い）で通訳を務めるヤショーダーのご両親（北海道在住）の姿も見受けられる。

カーンタ「パラマハンサ[*]の意味は何ですか。パラマハンサの資格は何ですか」
ヨーギー「文字通りには至高の白鳥を意味しています。古来インドでは、白鳥は、水とミルクを混ぜたものを置いても、そのミルクだけを飲んで水を飲まないということから、この清濁併せもつ世の中において、真理のみを飲み取ることのできる聖者の称号となっています。したがってその称号は自ら付けるものではなく、人が聖者に与えるものです。パラマハンサになるためには、ただひたすら修行し悟りを得ることです。そうすれば人々はあなたをパラマハンサと呼ぶでしょう」

男性A「よく頭の中でいろいろな考えが出てきますが、知識と直観とをどうやって見分ければいいのでしょうか。頭の中で聞こえる声や考えのどれを信じてよいか、どうやって判断すべきですか」
ヨーギー「誰が聞いているのですか」

男性A「私が」
ヨーギー「私とは誰ですか」
男性A「……分かりません」
ヨーギー「自分自身のことではないのですか」
男性A「はい……」
ヨーギー「おしゃべりはこの身体の外でも中でも起こっています。おしゃべりを気にしてはいけない。それよりも、見失っている自分を探せ」
男性A「どうやって?」
ヨーギー「探求せよ」

カマラークシー「彼の質問の続きですが、『ヨーガの福音』*の中に身《しん》・口《く》・意《い》を一つにするというのがあります。私たちは人生の中で他人や自分への否定的なことを考えてしまいますが、それらの思いをどうしたら止めることができるのですか。オーム*(聖音)を唱えて止めようとしたりしているのですが、日常生活の中でそういった否定的な思いを止めるための方法はありますか」

ヨーギー「二つの方法があります。一つは息を止めること。しかしこれは死んでしまう可能性がある（皆大笑）。もう一つは、心を止めることです。しかしこう言えばあなたはすぐに、心をどうすれば止めることができるのかと聞くでしょう（笑）。そう、心は過去からのサンスカーラ*という記憶によって活動することをやめてくれません。これを消す唯一の方法はヨーガにおける学びと瞑想です。これがいちばん確実で早道だと私は信じています」

カマラークシー「身・口・意を一つにしなければいけないということは、大切なのは、他人も自分も批判することなしにただ自分の心を純粋にすること。舌の制御は心の制御からきていて、とても重要だということですね」

ヨーギー「そうです」

プラジュナー「ということは、自分自身に対して忍耐強くあり、心が静まるまで修行を続けていくということで、ほかに私たちができることはないということですか」

ヨーギー「そうです。忍耐しなければいけないという気持ちが起こるということは、忍耐させない何かが心の中にあるということを意味しています。ですから心の中の障害物を無くすためにも、忍耐すべきところを忍耐していくことによって悟りは達成できます。それは、しばしば心に熱を生じます」

プラジュナー「何が熱をつくるのですか」

ヨーギー「外への怒りや非難という火が外に出ていかないで内面に留まるからです。それを昔からタパス*というふうに呼んでいます。汚れを燃やし尽くし純粋にする、ちょうど金鉱から金を取り出すように」

神への瞑想

女性A「私たちはそれぞれこの世界でやらなければならないことを伴って生きています。仕事中、家に帰るまでの間、ここに来るまでの間など続けて行なえることの中で、最も優れているものとしてマスターは何を勧められますか、朝起きて一時間なり三十分なりのヨーガ（体位法）以外のもので」

ヨーギー「神への瞑想」

女性A「実用的なものでは（皆から笑）」

ヨーギー「それはどこかのビジネススクールに行ってください（皆大笑）」

女性A「エクササイズとしては？　ヨーガはエクササイズですよね」

ヨーギー「ヨーガは単なるエクササイズではありません」

女性A「分かっていますが、特に初めのうちは瞑想も練習ですよね。グル*（師）たちはそれぞれ違った教えを勧められています。例えば、ある方はより哲学的で、ある方は実践的です。ヨーガは実践的で瞑想も実践的、哲学というよりは実践です。私がお聞きしたいのは、より実用的なことです」

ヨーギー「ヨーガは三千年以上の歴史をもっているといわれています。その長い歴史の中でヨーガという言葉は悟りを意味するものとして使われてきました。何が悟られるのか、何が悟られなければならないのか——それは真理であり、真の自己であり、また神の真実です。これを悟るために、さまざまな教えと方法があります。しかし、技術でもって神が悟られるものなのでしょうか。それならば神は技術以下のものとなってしまいます。神は知識で悟られるものでしょうか。もしも知識で悟られるものならば神は知識以下のものです。知識や技術はただ心を教育するためのものです、神を見失い、本当の自分を見失った心に対して。しかし本当の自分というのは、ほかでもないあなた自身の中に在るあなた自身です。また、神はいったいどこに在るのか。あなた自身の中に在るのです。真理はどこに——あなた自身の中に。これは明白なことです。ですから、神への瞑想が最も実用的です。そうして心が静まれば、神はひとりでに顕れます。神への瞑想を続けてください、

どこでも、いつでも」

男性B「神への瞑想の方法を説明していただけますか。心の中で何かをイメージするのですか、ハートで何かを感じようとするのですか。試みてみたいのですが、どうしたらいいか分かりません」

ヨーギー「今私は、『神は真理そのものである』と言いました。神は誰もが心の奥にもっているその完全さを表しています。誰も神を見たことがない。神がどんな姿をし、どんな声で話すかも知らない。だから、神についてどう思えばいいのか、ということに戸惑いを感じる気持ちはよく分かります。それでも、心のどこかに完全なるものへの憧れがあるはずです。しかしそれもまだ抽象的で、それを思い続けることも難しい。私たちは何かしら形を見なければ信じることができないから。そこでその神を表す姿が心に描かれるようになります。さまざまな宗教における神のごとき存在の姿もそうです。何かの宗教に信仰を寄せている方は、その中の神のイメージをもてばよろしい。さらに普遍的な神のごとき存在、つまり覚者のイメージをもつのもいい。いずれにしても、正しい理想の神のイメージを見つけてください。そうしてその姿を愛し、瞑想してください」

女性Ｂ「祈りは瞑想に入りますか、神への瞑想という」
ヨーギー「瞑想の一部です」
男性Ａ「祈るのではなくて、神に直接話すことは可能ですか。正しい方法、間違っている方法などがありますか」
ヨーギー「聞くところによれば、神は取引を好まないようです」
男性Ａ「癒しや明瞭な答え、もっと楽になりたい、と求めていたりするならどうですか」
ヨーギー「今も言いましたように、それはどの領域に属するでしょうか」
男性Ａ「助けてくださいと泣くこともありますよね」
ヨーギー「そのときには、神直接ではなく神の僕《しもべ》をあなたに遣わすでしょう」
男性Ａ「僕とはどういう意味ですか」
ヨーギー「神は一切取引をしません。神にはただ、愛し、近づくことだけを考えなさい。すべてを神に任せるのです、あなたの痛みも苦しみも、喜びも楽しみも、（そして力強い口調で）命も！　（静かな口調になられて）できますか。神に接する時はそのような真剣さをもたなければいけません」
男性Ａ「自分だけがその真実を知っているのだろうと思います、どれだけ自分が真剣であ

るかどうかは」
ヨーギー「それを決めるのはあなたではなく神です（笑）」
男性Ａ「それはいいことを聞きました（笑）」
プラジュナー「スワーミー・ヴィヴェーカーナンダ*の本にあるバクティ（神への信愛）について読んでいると、アートマン*（真我）、ブラフマン*（梵）、イーシュヴァラ*（人格神）と、神についてのさまざまな観念が出てきます。神は私たちが信仰の対象とする別個の存在としての理想神という考え方もあるし、同時に、神は私たちの内に在り、それを悟らなければいけないともいっています。誰も神を見たことがないし、話したことも声を聞いたこともないとおっしゃいましたが、一方で、すべてが神である、という別の見解も理解するようにも教えられます。では、これらの考え方をどのように融合するべきですか」
ヨーギー「一つのものだけが存在しています。それは神と名付けられました。その一なるものが自らをさまざまな姿に顕しました。顕れた名前と姿は多様ですけれども、そこに在るのは一つのものだけです。これは真実です。……このことを知らない心は、多様な姿を多様な存在と多数の存在と見てしまっています。一であり、そして多である。多であり、また一である。普通の算数では、おそらくペケ（バツ）っていうか……不正解になるでしょ

う（笑）。しばしば人間世界と神の世界は正反対だといわれていますが、神の理解では、先ほどの多は一である、というのが正しいのです。そこには一《ひとつ》のもの（存在）しかないのですから。それはちょうど海と波の関係に例えられます。心は波を見て多様だと思う。しかし、そこには一つの海があるだけです。このことを正しく悟るために、一なるものの象徴として、アートマン、あるいはブラフマン、あるいはイーシュヴァラという存在が一なる神の代名詞となっています。ですから、そのことに矛盾はない」

カーンタ「ラーマクリシュナ*はすべて、宇宙のすべてのことを知っていました。どうしてこの生理的な心や身体にそれが可能なのですか。スーパーコンピュータですらもできないのに」
ヨーギー「どんなに新しい良い発明があろうと、どんなに精緻《せいち》なものが生み出されようと、シュリー・ラーマクリシュナは永遠ですから、何だっていつだって可能なのです」
カーンタ「彼は永遠だったからできたのですか。彼は身体を超えていたからそれが可能だったのですか」
ヨーギー「そうです」

カーンタ「人間は脳の十三、十四パーセントしか使っていないといいますが、悟りのときには百パーセントの脳を使うのですか」
ヨーギー「まだ悟りと脳との関係は解明されていません。しかし、悟った人間は何人もこの地上に顕れています。そして私たちもその悟りを達成できるし、実は今もしている。本当のことを言えば今、皆は悟りに在る。たとえ脳が十三パーセントしか開発されていなくても（皆笑）」

師の必要

男性C「私の質問は、霊的な成長における個人的な人間関係の役目についてです。私は教師です。よく生徒にこうしろ、ああしろと言ったり、励ましたりするのですが、時にそれらはまるで自分こそが聞かなければならないことを彼らに言いながら、自分に対して言っているように感じます。それは理にかなっているような気がしますが、人間関係は私たちが成長するためにどのように役立ちますか」
ヨーギー「しばしば教えることは学ぶことだといわれています。確かに、教師と生徒という立場上の違いはあるでしょうが、人間的存在としては全く平等です。ですから、霊的

な教えにおける教師と生徒の違いは明白ですが、それ以外のものにおける教師と生徒は、共に真実を学ぶための生徒であると理解してください。そうして、互いに人間性を高める、つまり真実の方に歩んでいくことが求められています。これがすべての世界のリレーションシップの中で行なわれるべき内容です。共に学んでいるのです」

男性D「単純な質問ですが、我々はこの人生の中で最も重要なことをどのように見つけることができるのですか」

ヨーギー「求めなさい。そうすれば与えられる。探しなさい。そうすれば見いだされる。叩きなさい。そうすれば開かれる。

悟ること。真理を、神を悟ること。それだけです」

男性D「真の自己、真理を悟る目的は」

ヨーギー「目的はありません（皆笑）。それは目的ではなく、本当の自分を取り戻すことです」

プレーマルーパ「真の自己を悟るまでは、何度も苦をさまざまな方法で味わわざるを得ないというのは本当ですか」

ヨーギー「そう思っている間」

男性B「悟りへの道には師が必要ですか、それとも自分だけでも可能ですか。真の自己の実現には師の下でする道以外はないのですか」

ヨーギー「正しい師が必ず必要です」

男性B「なぜですか。それは一人では難しいからなのか、危険を伴うからなのか」

ヨーギー「何であれ、あなたが知識や技術を獲得したいならば、それをマスターした人のところに行くでしょう。悟りを得たければ悟りを得た人のところに行くのがいちばん安全です。ただ、単純にそれだけのことです」

女性B「でも師の下に行くというのは、そんなに単純なことでもありません。行ったとしても、受け入れてもらえるとは限りません。師と出会っていないということは、まだ準備が調っていないということですか。どうしたらいいのでしょう」

ヨーギー「まだ準備ができていない場合と、その関係が正しくない場合とが考えられる」

女性B「師が正しい師であるかどうかどうして分かるのですか」

ヨーギー「師は弟子を待っているはずです」

女性A「その関係が正しい場合、ときめきというか恋に落ちるような感じですか。それとも師は空のようなとてつもなく大きい存在ですから、そういうこともないのか。何かその

関係が正しいかどうかを知る方法はありますか」
ヨーギー（少し間を置かれて）「一切は師の恩寵によります。そして、師との出会いはまさに恋に落ちるようなものです」
男性Ａ「おっしゃることがよく分かりませんが、師をもたなければ悟りには到達しないとおっしゃっているのですか。それでは限定されてしまうことになります。多くの人たちが師に出会えるというわけではありませんから」
ヨーギー「真剣に悟りを求め、そのために師を探している人はどれだけいるでしょうか」
男性Ａ「最終的には最後の段階に行くのに師が必要だということですね」
ヨーギー「そうです」
女性Ｃ「悟りの後はどうなるのですか」
ヨーギー「別に何も（皆大笑）。
ぜひ、味わってみてください」
男性Ａ「過去は存在しますか。それは現在に影響していますか」
ヨーギー「あなたは今生まれたのですか（笑）」
男性Ａ「いいえ（皆笑）。過去は存在すると言っているのですか」

ヨーギー「ええ、あなたの心の中に」
カーンタ「過去と現在と未来すべてが同時に存在しているのですが、僕たちは時間と空間という枠組みの中で経験しているのだと何かで読みました。すべての可能な未来が同時に存在すると」
ヨーギー「いろいろな見方があります。物理的に見れば、時計の針はその動きをもって過去と未来を決めます。形而上学的に見れば、一つの種子の中に未来の大木が宿っている。心理学的に見れば、その心の中に過去と未来は同時に現在あります」
カマラークシー「ということは、修行とはこの瞬間を生きること。それをするには、そしてそれを続けるには、常にヨーガをやらなければいけないのか、それとも心を今に置くようにするのか。それが常に私たちのしなければならないことですか」
ヨーギー「私たちができることは、今をどうするか、です」
カマラークシー「ヨーガは、私たちがよりそうしていくことを助けますよね」
ヨーギー「その通りです。(強調されて)今、にすべてがあります」
プラジュナー「私たちは今生で悟りを得るよう努力し、真摯に求めていたとしても成功す

るとは限りませんが、その悟りへの願望はサンスカーラ（心の潜在因）をつくり出し、来世にも引き継がれると理解しています。でも真の自己、永遠の自己はすでにすべてを超えたもので、身体は無常で心は変化するものなら、何が来世に引き継がれるのですか」

ヨーギー「それはスークシュマ*と呼ばれるものです。それはこの粗大な肉体ではなく、微細な心のことです」

プラジュナー「心とエゴは違いますよね」

ヨーギー「心を形成する一つの柱がエゴです。ほかにも知性、思考、そして記憶などが一体となったものが心と呼んでいるものです」

プラジュナー「それらはどのようにプラーナ体と関係しているのですか」

ヨーギー「プラーナ体はこの肉体から抜け出す時に使われ、そうして心の想念体がまた来世戻ってくる時に、プラーナ体と合体し身体をつくります」

男性E「なぜ教えるのですか」

ヨーギー「ただ私は会話を楽しんでいるのですよ（皆笑）」

男性E「私もです（皆大笑）」

ヨーギー「ではまた、次の機会に楽しみましょう」

「ジャイ！[*]　サットグル・シュリー・マハーヨーギー・パラマハンサ　キ！」

二〇〇二年五月十七日（金曜日）　ニューヨーク

心の無知

『パ[*]ラマハンサ』に掲載されたサーナンダの記事※『ヨ[*]ーギーを目指して――人生の意味（二）』がカマラークシーによって力強く朗読される。師に導かれ、修行を続けてきた彼の悟りへの熱意に満ちた内容である。「人生の意味を探求することを諦《あきら》めてはいけない」、また「ヨーガの修行は誰にでも開かれている」と彼はその中で綴っている。

朗読が終わり、その場は静寂に包まれる。

真実を隠す無知の幻

メーガン「今読まれた内容は全部正しいとは思いますが、在家の者、少なくとも私にとっては、修行の内容や、それを完全に行なうのが難しいという問題があります」

ヨーギー「記事の中でも彼自身が言っているように、彼は日本の一企業に勤め、妻子をもった家庭人でもあります。しかし、そのような状況にあったとしても、ヨーガの成就は可能です。

ヨーガにおいて悟らなければいけないことは二つ。二面性があります。一つは、無知という非真実によって生じたエゴと煩悩を無くすこと。もう一つには、それらが無くなった時に実現する真我の自覚です。これだけがヨーガにおいて学ぶべき、そして成就すべきこ

とです。その他、皆さんがブックストアやヨーガセンターなどで見られる、多くの書物や修練などは、それらを助けるほんの少しの役割しかしません。

大事なのは、ハートからやってくる衝動です。その熱が大きければ大きいほど、速《すみ》やかにエゴと煩悩を焼き尽くすことができます。ですから家庭にあっても、女性であっても男性であっても、あるいは子供であっても、悟りは可能です」

メーガン「在家者として一人で実践していくのではなく、家族やコミュニティ全体というように、社会を悟りへと導くようなヨーガの道はありますか」

ヨーギー「社会というときにも、そこには一人一人の集まりが社会を構成しているでしょう。問題は、一人ずつが真剣にそのことを行なうかどうかです。具体的には、まず自らの心を変えなければいけません。それには真理を学ぶこと。そして教えに従って実践すること。そうすれば、今言ったようにエゴと煩悩、欲望などが無くなっていき、その時自らを捧げる、つまり献身奉仕あるいは自己犠牲というものが自然に行なわれるようになります。もし一人一人の人間が社会においてこの自己犠牲をなすことができたならば、どんなにか素晴らしい社会が訪れるでしょう」

ラファエル「真我以外を否定していくという、ラマナ・マハリシ[*]のギャーナ・ヨーガ[*]についての本を読みました。悟りを成就する効率的な方法として、私は誰か、という探求を勧められますか」

ヨーギー「それは最も不可欠な方法の一つです」

ラファエル「実際ただ一人でこの道を進んでも、成就の域に達することは可能ですか。それともグル[*](師)やコミュニティを必要としますか」

ヨーギー「必要なものは真実の教えと、それを授けるグルです」

ラファエル「どうすれば授かることができるのですか」

ヨーギー「求めなさい。そうすれば、与えられる」

ジェリー「もし私が間違っていなければ、マハーヨーギーは、私たちの本質は永遠不滅であるとおっしゃいます。それをどうやって体験するのでしょうか。それは思考でもなく、感情でもなく、感覚でもない。私たちがまだ知らないタイプの経験があるのでしょうか」

ヨーギー「本当に不思議です。真の自己の悟りは、誰もの中にすでに在るものです、今ここに。それを知らないのは自分自身です。つまり、何かが邪魔をしてそれを隠しているよ

うに見えます。そう、それが心です。想念であり、感情であり、また経験です。ですから、必要なことはその邪魔ものを取り除くことだけです。

想念は、心の中にそのルーツを非常に深くもっています。それはサンスカーラ*と呼ばれる過去世からの記憶に基づいたものです。心はちょうど写真機とフィルムのように例えられます。幾つもの生涯の中において経験したことが、自動的にフィルムに焼き付けられています。もちろん個人個人の記憶は違います。それはそれぞれの趣味、嗜好が違うから映す対象が違っていたわけです。そして何度目かの生涯でこの地上に生まれた時、今回経験する現実の世界との中で過去の記憶がたちまちにして蘇ってくるのです。心が印象付けた好ましいもの、あるいはそうでないもの、心が望むものなど、これらの材料のさらに原因を辿るならば、この世の中において、何かの世界を構築しようという根本原因が見つけられます。

しかし、この世は無常、つまり変化し、そして限界がやってきます。さまざまな夢はいつも半ばで破れました。幸せを、あるいは喜びを求めていたはずなのに、結末はいつも苦しみ。たとえどんなに巨大な幸福を獲得したとしても、死神には勝てません。苦痛はその幸せを勝ち取っただけ、正比例して起こるでしょう。

これは本当ではないものに、つまりこの幻のような世界の中に真実を見ようとした過ち、あるいはそれらの事柄によって幸福が得られると思っていた過ち、さらには、自分を心と、その心が所有するものと同一視してしまっていた間違い。これらは科学的な知性をもってしても、明らかに理解できる事柄です。しかし知性と、過去からもってきたサンスカーラの心の力とでは、常にサンスカーラが勝ってしまうようです。この真実を覆い隠す力を無知と呼んでいます。ですから、エゴもここに含まれますが、この無知を無くすことがするべきすべてのことです。

決して心配しないでください。（微笑まれて）これは自己喪失をするわけではありませんよ。本当の自己を実現するのです。この方法でしか本当の自己を、あるいは全宇宙の真実を悟る道はありません」

ジェリー「消す作業というのは、闘いを乗り越えるようなものですか。それともただそれを横に置いて立ち去るというか……」

ヨーギー「本当に速やかに悟りの道の方へ進めたら、どんなに楽かしれない。しかし……」

ジェリー（遮《さえぎ》るように）「ただそこから立ち去る、あるいは横に置いてというのは簡単なことですか」

ヨーギー「それができたら楽なんだけど。しかし今までそのようなことができた人は一人もいません（皆笑）。これには常に激しい闘いがあります。しかし、情熱をもって真剣に臨んでいく、実行していくならば、必ずその闘いに勝ち進んでいくことができるでしょう。何より真実は、あなたのハート《中心》に在るということを常に覚えておいてください。

それがあなた自身です」

ジェリー「さまざまな考えに集中するのではなく、そのハートに集中さえすればいいのですか。どこにエネルギーを集めれば、あるいは集中したらいいのでしょう」

ヨーギー「本当に命と引き換えにするくらいに、心を込めて集中してください」

ジェリー「……（皆笑）」

ヨーギー「もう一つ保証してあげましょう。その大事な命を差し出した時、初めてあなた方は不死の命を得るでしょう。

私たちの本質は永遠の存在です。それは生まれたこともなければ、死ぬこともありません。それだけが本当は在るのです。

しばしばこの世でもリアリティとか、存在、存在感という言葉を使いますが、それらはみな永遠の存在ではありません。正確な意味では存在ではないのです。しかし、本質であ

るあなた自身、それこそがリアリティです」

プリヤー「数年前にお会いした時に、養子を取ることについてお話ししましたが、それが本当になりました。どうしましょう（皆笑）。

　オームタットサット（すべては神の思し召し）の環境の中で、今の仕事には多くの意味を見いだしています。子供を育てるには、とても大きな集中を必要とすることに気付きました。バクティ*・ヨーガ（神への信愛）とカルマ*・ヨーガ（無私の働き）がどのようにプラティヤーハーラ*（制感）に関連しているのかを理解したいです。その子供にできるだけのことをしたいし、自分自身と子供のためにも、当然自分の修行も続けなければなりません。実際、子供を育てるにはさまざまなことに関わっていかなければならず、諦めなければいけないこともあります。それでも苦しんでいる人を助けることも大切です。これらをどうしていったらよいのでしょうか」

ヨーギー「決してスーパーウーマンじゃないんだから（笑）、すべてを完全にこなさなければいけないとは思わないで、与えられた状況がどんな状況であろうが、それがすべてであなたの奉仕のサーダナ*（修行）の場であると理解してください。困っている人たち、病気で苦

しんでいる人たち、そして子供にも、もちろん夫にも……。何であろうが、行なうことは違うかもしれないけれども、すべてがヨーガです。
これがバクティ・ヨーガとカルマ・ヨーガの秘訣です」
カマラークシー「仏教の修行の中に、全行動に注意を向けるという修行があると聞きました。それは悟りに導きますか」
ヨーギー「それは自分が今何を思い、何を語り、何を行動しているかを常に観察しなさいということを意味して言っているのですか」
カマラークシー「常に今を生きることが修行である。一瞬一瞬を生きる、今に注意を置いておく。一歩一歩今を生きる。歩いている時は歩いていることを意識する」
ヨーギー「そう、それはとても基本的で大事な教えです。つまり、自分の全行動、心の思いまでも含めた行動をしっかりと制御し、支配するということです。それによって、無知から生じる欲望や煩悩は抑えられることになります。それから先は、先ほどお話ししたような事柄になります」
カマラークシー「目的に本当に向かうということですね」

ヨーギーは無言のままカマラークシーを見つめ、うなずかれる。
プレーマルーパ「自分自身が控えめ過ぎというか、限界をつくり過ぎるというか、がんばらなさ過ぎるというか、別に真我に達したいと思わないというか。達するべきなのでしょうけれど、それだけではないのです（皆爆笑）。情熱、それが問題なのです。トラブルを起こしかねないので、情熱的にならないようにしています。どうすればいいでしょう」
ヨーギー「知らん！」
その場に一気に笑いの渦が巻き起こる。
そしてすぐにまた静けさが訪れ、しばらくの間沈黙が続く。
ヨーギー「あと何十年、あるいは何年生きようと思っているのか（笑）」
プレーマルーパ「全く分かりません」
ヨーギー「そう、それは突然やってくるんだよ」
プレーマルーパ「怖くて考えたくもありません」
ヨーギーは彼を見て微笑まれる。

愛と無執着

ラファエル「すべて（life）を放棄するということは、子供や妻、この世界で愛するものを放棄するということですか。プロとしての職業や仕事もですか」

ヨーギー「現在あるところの家族を養う義務を放棄することはできません。放棄すべきは、家族に対する誤った執着です」

ラファエル「愛は間違いですか」

ヨーギー「愛は、正しいものの一つの表れです。ですから、なおのこと義務を果たさなければいけないのです」

プリヤー「前回のサットサンガ*（真理の集い）の中で、愛は最も強烈なもの、愛には見返りはない、というようなことを言われました。今また執着のない愛について話が出ましたが、それらに違いがあるのは分かりますが、明瞭には分かりません」

ヨーギー「通常、愛は影に憎しみをもっています。しかし、本当の愛は影をもたないものです。それは全面的に自らを捧げます。たとえ普通の恋愛をして結ばれた家庭であったとしても、それは愛を学ぶための装置なのです。愛も育ててやらなければ、本当の愛に成長することはないでしょう。そのためには、本当の愛を学ぶ必要があり、そしてそれを行

なっていかなければならない。今私が彼に言ったのは、そのような内容のことです。
もちろん真実の愛に近づけば近づくほど、エゴや煩悩は薄らいでいくはずです。それは真理を実現する心の準備ができつつあることを示しています」

プリヤー「人と接する時に、私は無条件の愛、影のない愛を実行していると思います。しかし、エゴを出した方が相手との間に感情や摩擦を生じ、それによってお互いが学ぶことを通して、以前より純粋な愛に近づき、結果的にはより有意義なこともあります。それには努力が必要ですが。
私は完全ではないけれど、無条件の愛や無執着をできるだけ行なおうと努力しています。けれども、夫からは『本音を出してほしい』と言われたり、ある人たちからは『もっと人間らしく』と言われます。でも彼らはヨーガをやっているわけではありません」

ヨーギー「もし本当の愛を捧げているならば、どのような反応がやってこようとも、それにすら執らわれることはないと思います。ですから問題にしてはいけません」

クリスティン「苦しみが少なくなっていくということは、エゴが正しく無くなっていっている印ですか」

ヨーギー「そうです」
クリスティン「苦しみのない状態と、ただの楽しみの違いはどのようにして分かるのでしょうか。楽しみや快適さは苦しみの反対ではないですよね。世の中の楽しみだって別にかまわないと思うし、私もそれを楽しんでいます。本当の喜びと楽しみの違いは何でしょう」
ヨーギー「心はこの世の喜びと苦しみを何度経験しても、それに懲《こ》りない。本当にこの世の喜びも楽しいでしょう。でもそれは何時間、あるいは何分続くでしょうか。その次の瞬間にはそれを失う苦しみがやってくる。だからまた新たな喜びを探しにいく。でもそれは永遠ではないから、繰り返しになる。
　本当の幸せというものは、苦しみ、あるいは苦悩という反動のないものを知った時です」
クリスティン「楽しみを切望するのをやめた時ですね」
ヨーギー「そうです。楽しみは限定的な楽しみではなく、永遠の楽しみを求めてください」
カマラークシー「喜びと苦しみというのは同じ量だけくると言われましたね」
ヨーギー「そうです」
カマラークシー「確認したかったのです（皆笑）」

ヨーギー「そう、正比例と言いました」
カマラークシー「今生で清算されなければ次の生で」
ヨーギー「そういうことです」

メーガン「苦しみと喜び、神の愛や影のある愛についてです。私が人生の中で最も強い愛を感じるのは、家族との関係です。私の人生はカルマ・ヨーガだと思いますが、その彼らへの奉仕にも影があることが自分でも分かりますし、それを制御するのは難しいです。私に気付きを与えるための鏡であるようにも思います。家族は私の愛するものであり、ただ一つの私の執着でもあります。私の思うように子供や夫がならないという思いがあるので、それは純粋な奉仕ではありません」
ヨーギー「そうです。家庭は最も素晴らしい修行の場です。そういったいろいろな出来事が起こるでしょうが、あなたはただ不平不満を言わずに黙々とサーダナを実行していってください」
メーガン「年を重ねるごとに良くなってきています」
ヨーギー「そうですね、きっと経験も良いグルだったでしょう。

それぞれ皆も、家族ともいつかは離れ離れになります。しかし、その家族の一人一人がまた自分と同じアートマン*（真我）なのです」

メーガン「執着を無くすのは難しいことですが、それをしなければならないこともよく分かっています」

ヨーギー「そうです」

プラジュナー「何度もの過去世からきた悟りを求める傾向があるならば、無知を終わりにする真理への思いというのも過去世を超えて続くのでしょうか」

ヨーギー「そうです。（微笑まれて）そうでなければ、あなたは今ここにいないはず」

ラーダー「シュリー・マハーヨーギーがこちらに来られるようになって八年か九年になります。いちばん初めの年に、弟子に求められること、責任などについてお話しされました。私たちの記憶を新たにしていただけますか（笑いが漏れる）、たくさんの新しい顔触れもあることですし」

ヨーギー「ヨーガにおけるグルと弟子というものは、通常の教師と生徒という意味ではありません。

グルの直接的な意味は、闇を取り除く光、つまり無知を取り除く真実という意味です。すでに真実の光は、それぞれ皆の中に在ります。ただちょっと邪魔をしている影があるだけ。そのために外からの光が必要な時もあります。その闇が取り除かれるまでの間を弟子と呼びます。それが実現すれば、グルと弟子に違いはありません。不異《おなじ》・一《ひとつ》です。ですから今は仮に、そのグルと弟子という役割上のことを少しだけ話しましょう。

（微笑まれ）まず弟子は、悟りを求めなければならない。

そして真実の教え、正しい教えを、真実のグルから学ばなければならない。

さらに真剣さと情熱をもって、学びと修行を実行しなければならない。これらは最も中心的な心と行動のあり方です。

さらにもう少し繊細なことを言えば、素直であること。素直な心、謙虚」

皆沈黙し、静まり返っている。

ヨーギー「どうしたのかな、みんな（皆笑）。この言葉を言う時、いつも私はイエス・キリストの言葉を思い出す。彼もいつもこのようなことを言っていたと福音書にあります。

そしてグルとすべてのもの、生きものに奉仕することです。

それぞれが本当に自分自身を大切に思うならば、また家族や他の人々を本当に大事に思

うのなら、きっと皆も真理に到達するでしょう、今言った事柄を忘れずに実行すれば」

ヨーギーは一人一人をゆっくりと見つめ、その後「また二週間後に来ます」と軽やかな口調でサットサンガを閉じられた。

祝福に包まれる中、一同はそれぞれの思いを胸に拝礼する。

「*ジャイ！　サットグル・シュリー・マハーヨーギー・パラマハンサ　キ・ジャイ！

*オーム・タット・サット」


二〇〇四年八月六日（金曜日）　ニューヨーク

※二〇〇四年のニューヨークのサットサンガでは、毎回、隔月誌『パラマハンサ』に掲載したサーナンダの記事が朗読された。

悟りと自由

八時から[*]スーフィーブックスで[*]サットサンガ（真理の集い）が行なわれる。シカゴ在住のプレームとアンジャリーも昨日ニューヨークに入り、ラーダーのアパートに滞在している。彼らは九月いっぱいでシカゴを引き払い、カリフォルニア州オークランドに拠点を移してクラスを開設していくことになっている。

この日は『[*]パラマハンサ』の記事の中から、『[*]カルマ・ヨーガ——仕事の秘訣』をシャーンティパーダが力強く朗読する。前列にはインテグラル・ヨーガ・インスティチュートのスワーミー・ラーマーナンダも座っている。スワーミーはこの数年ヨーギーに会いに一人で[*]ケーヴを訪れることはあったが、公開サットサンガに参加するのは何年かぶりのことだろう。ヨーギーとヨーギーを囲む求道者たちの集い、まさに聖なる波動を感じているのか、彼の目からは涙が溢れている。

朗読が終わった。しばしその空間は厳粛で浄《きよ》らかな沈黙に包まれる。

自由と至福の悟りの境地

アンジャリー「シュリー・マハーヨーギー、修行の目的である悟りと自由についてお話し願います。覚者に会うことができない者たちは、ゴールがどんなに素晴らしいかを味わう

ことができないようです。そのため、彼らには修行をしていくためのインスピレーションがありません。自由とは何であるか、悟りとは何であるかをお話しください。それは人々への原動力へとつながります」

この質問には、シカゴでクラスを指導してきたアンジャリーたちの何年もの葛藤と切実な願いが込められていた。

ヨーギーはしばらくの沈黙の後、答えられる、

「誰もが自由を求めています。誰もが幸福を求めています。人は生まれてから死ぬまで、それらを獲得するために一所懸命です。それは裕福さによって獲得できるものでしょうか。あるいは名声？　あるいは美しさ？　知識？　この世の宝物がすべて手に入ったとしても、それらは死によって、あるいはまた病によって、あるいは年老いていくことによって、一瞬のうちに苦悩に変わります。自由と幸福を求めて、そして、それを獲得したはずなのに、心はそれによって満たされることはありません。なぜならこの世界は永遠ではないから。また、この世界は純粋で完全なものではないから。そして、自分自身をその獲得した所有物と同一視してしまうことによって、本当の自分を見失ってしまうから。

では、なぜそこまでに人は自由と幸福を求めてしまうのか、何度も何度も生まれ変わり

ながら。これを巨大な目で見ることができれば、自然が何かを教えようとしているに違いありません。数千年前にインドのヨーギー*たちは、これらの秘密を解き明かしました。そしてこれはインドのみならず、どの民族であれ、宗教であれ、すべてに通じる普遍的なものです。

結論を言えば、自由と幸福は心の外にあるのではなくて内にあるからです。自由とは、心が欲望することが何でもできるという意味ではありません。自由とは何ものにも束縛されない状態のことをいいます。何ものにも束縛されないということは、何ものかに依存することのない自立した状態のことです。そして、そこに至福があります。幸福の究極です。至福とは、不幸や苦しみが訪れることのない境地のことです。そう、誰もが願っているものに違いありません。ただ、誤って見ていたものを改めて正しい見方をしていくことによって、それらは実現できます。

ヨーガの出した結論はこうです。人の苦しみは無知を原因としている。無知とは、永遠でないものに永遠を見ること。私たちの肉体にも、自然にも、この物質的世界には限界があります。決して完璧な満足は得られません。そうではなく、自らの内にある至福を求めることによって過ちを無くし、そして真実を実現することができます。さらに、本当の自

己でないものに自己を見ること。

　つまりエゴを自分だと思ってしまっている過ち。本当の自己はそのエゴの奥にあります。つまりエゴは真実の意識によって見られています。現に今、あなた方は心を知っているでしょう。知っている意識がその奥にあります。それは動揺することもなく、常に絶対の意識です。しかし、不幸にも自分自身を心と同一視してしまっているところに過ちが訪れます。そして、『自分は幸福だ』とか『不幸だ』とか、もがいてしまうのです。人の一生において、これらからの解脱を図ることはとても難しい。しかし、何度も何度も人生を繰り返している中で、より真実に向かっていくことになっています。ヨーガはその旅を急速に縮めるものです。かつてパラマハンサ・ヨーガーナンダ*はこう言いました、『自然の輪廻に任せる魂の旅は、徒歩で目的地に行くようなものである。しかし、ヨーガによっては、それを飛行機でひとっ飛びで行くことができる』と。（皆うなずきながら笑う。ヨーギーも笑われながら）まぁ、当時はプロペラ機が最も速かったのでしょう（皆笑）。現代は科学も進歩していて、もっと速く行くことも可能です。もちろんヨーガを真面目に、真剣にやりさえすれば。

　さて、ここでもう一つの言葉を思い起こしてください。その自由と至福の悟りの境地

は、*ニルヴァーナという言葉によっても表されています。あの主ブッダが達した最高の境地です。

ニルヴァーナの文字通りの意味は、炎が吹き消された状態といわれます。炎とは、この自然の中にあって燃えながら動揺し、そして尽きていく私たちの命と心のことを指しています。心は炎に例えられます。無知によって生じた欲望の動揺が吹き消された状態、その完全に静寂な状態がニルヴァーナです。現代のヨーガにおいては、しばしば皆さんは*ニルヴィカルパ・サマーディという言葉でそれを理解しているかもしれません。相対性を超えた真実の境地です。そして、それが私たち一人一人の本質であり真実です。そこに自由と至福があります。

私たちはそれに目覚めなければいけません。自分が自分に目覚めるのです。これは知識によっては到達できません。知識はある程度のところまで連れていってはくれますが、もっと大事なものは情熱です。命と引き換えるくらいの真剣な情熱が必要です。そうすれば、あなたは不死を得るでしょう。（微笑まれて）そう、死ななければ不死は得られませんよ。だから死の恐怖は瞑想において取り去らなければいけません。すべては心の産物です。真実とは、それのみで存在しているものです。何ものにも、知識や言葉にも頼りません。そ

れを実現してください」

グルの恩寵

スワーミー・ラーマーナンダ「質問は、とても苦い辛い感情についてです。例えば鬱《うつ》、恐れ、心配など。それらを抑えつけることは不健康であり、また煽《あお》るべきでもないということも分かっています。それらに対して健全なアプローチの仕方をお話しください」

ヨーギー「ここにいる誰もが何らかの違いをもっていると思われます。趣味であったり、また、その他の性格的な面。それは今日や昨日出来上がったものではありません。長い時間の中で形成されてきたものです。カルマ*というものは、行為とその反作用を指しますけれども、それらもまた、心の中に原因をもっています。それらの記憶のことをサンスカーラ*といいます。今、質問にあったさまざまな性格、これらもサンスカーラのカテゴリーに属するものです。ではサンスカーラをどのようにして好転させるのか。一つの否定的なサンスカーラがあるとするならば、今度は肯定的なサンスカーラを与えてやることによって、否定的なものは無くなっていきます。マイナスがあればプラスを点じてやるわけです。具体的には、ヨーガのサーダナ*（修行）すべてがそれらを助けることになります。それでも

心のサンスカーラは強力に出てこようとします。その時に最も効果があるのは、あなたのグル*（師）を祀っている祭壇の前に額《ぬか》ずくことです。そうすればグルは絶対の愛と力をもって、それを引き上げてくれることになります。そして、それらが出てこないように、出てくる隙《すき》を与えないようにしていくことが大事です」

アルベルト「隙を与えないというのはどういうことですか」

ヨーギー「そのような感情が心の表面に出てきたならば、直ちに祭壇の前に座るということです。それから、祭壇というものは必ずしもあなたのリビンググルームやベッドルームにあるわけではありません。本当にグルを尊敬し信仰を捧げているならば、グルは常にあなたの心の中にいます。つまり、あなたが行くところはどこであってもグルはいるのです。その中間の段階においては、グルの絵や写真などを前に置くのもよろしいでしょう。ですから、どこででもそれはできます」

アルベルト「それなら財布の中に入れていても？」

ヨーギー（笑われながら）「それでもいいです。そのようにして、それ以上悪い否定的な感情を暴れさせないようにすることです」

プレーム「グルへの瞑想についてです。瞑想が深まるにつれて心が安定していくとおっ

しゃっていますが、瞑想の対象に対しての執着がそれをさせないようにも思えます。自分は集中しているという思いが永続しているようで、それを超えていくのはとても困難です」
ヨーギー「それは問題ありません。なぜならグルの真実は姿形ではなく、その本質にあるからです。それは形と言葉を超えている存在そのもののことです。真実です。それはあなたの中の、あなたの真実と同じものです。ですからそれらの危惧、心配は自然に解消されます」
カルナー「落ち着かない心に対しての瞑想のアプローチですが、瞑想の中で、真実を探すのではなく安心を求めるやり方もあります。ベトナムの仏教で、『私は家（源）にいる』と繰り返し言って、源に戻ろうとする瞑想を学びました。こうすることによって安定した感じをつくり出すのです。この方法はマハーヨーギーが勧められる瞑想と等価なものか、それとも別の方向へ導くものなのかをお教えください」
ヨーギー「その仏教の瞑想のやり方は、マントラ・ヨーガ*の一種です。マントラ（真言）は何もオーム*だけではありません。すべての、何であれどのような言葉でもがマントラになります。そして仏教はしばしば、やや観念的な部分があります。ですから、その心のつくり出す

境地に逃げ込むことは私はあまり勧めません。むしろ心には安定する家はないという方が正しいです。そのようにして心が願望する材料をすべて取り除いてしまうことが大事です」

カルナー「それが外的でも内的でもどちらでもですか」

ヨーギー「そう、どちらも。唯一、心が頼るべきはグルとその真実の言葉です」

ラーダー「瞑想の対象について教えていただけますか」

ヨーギー「対象は単純に真理、神、あるいは本当の自己――これだけです」

女性A（今回初めて参加）「十五年ほど修行をしていますが、一歩進んで二歩後退するという感じです。信仰と鍛練が必要です。家族や仕事、環境にとても影響されています。この悪循環から脱出して、与えられる教えの下に生きていくためのアドヴァイスをいただけませんか」

ヨーギー「京都のサーナンダの文章からも分かるように、誰もが同じような環境にあります。しかし、それでも霊的な進歩は望めますし、悟りも実現できます。

大事なことは、真理とそうでないものをしっかりと理解すること。これはこういったサットサンガの場、あるいは聖典から学ぶことによります。次にはそれらをしっかり理解

して、瞑想をしてください。瞑想は真実とそうでないものを識別し、そして心にある間違った執着を取り除く力をもっています。それを実行すれば、必ず霊的な進歩の実感を感じるでしょう。それから自分でも言っていたように、真理あるいはグルへの信仰を高めてください」

ヨーゲーシャ「僕たちの今生で達する個人的なダルマ*と、執着によってできたものの違いはどのようにして分かるのでしょうか」

ヨーギー「ダルマという言葉には二つの理解があります。義務としての意味、おそらく今言ったのはそういったことだと思います。もう一つには真理という意味があります。

仏教は真理を指す言葉としてダルマという言葉を使っています。これは絶対的な真実のことです。もしもこの全宇宙の秩序が達成できるならば、この世界の相対的な義務も絶対的なダルマによって確立されるに違いありません。それまでは、この相対的な義務という意味のダルマはカルマ（行為の因果作用）に従います。そして、ヨーガはカルマを超越するものです。ですから、今言った相対的な意味におけるダルマは変化していきますから、それを気にするよりも、真実という意味のダルマの方に注目してください。そうして真実の

ダルマを確立した後に、相対的なダルマを従わせればよろしい。
ダルマという言葉のもつ意味は非常に広範囲で、なかなか理解のしにくいものですけれども、本来はすべての基盤となるもの、すべてを支えるものという意味です。では、この相対的宇宙も何によって支えられているかといえば、絶対的な原理、真実によって支えられているわけです」
女性A「今日お話を聞いて、私たちのすべきことはグルにすべてを捧げるということ、苦しみや痛み、健康問題や困難に直面しているすべてのことを捧げるということ。私の理解は間違っていますか」
ヨーギー「どうであれ、何を捧げようとも、あなたの本質である自由と至福に近づいてください」

真実の自己に目覚める

男性「簡単な質問があります。瞑想とは何でしょうか。どのようにすればいいのでしょうか」
ヨーギー「真実はもともとあなたの中に在ります。しかし、もしそれに気付いていないの

ならば、その邪魔ものを取り除かなければいけません。瞑想とは単純に言って障害物を取り除くこと。そしてまた同時に、真実を実現することです」

男性「それはいつも聞いているのですが、ではどのように集中すればいいのでしょうか。自分自身で何か想像したり……」

ヨーギー「あなたは誰ですか」

男性「それを聞けばいいのですか」

ヨーギー「自分で答えてください」

男性「その答えを知らないのでここにいます（皆笑）」

ヨーギー（笑われながら）「とても不思議です。本当に不思議です。誰もが自分を知っているはずなのに、改めて聞いてみると誰もが分からないと言います。そう、これがキーポイントです。自分は誰かと探求してください」

アルベルト「三つの異なる瞑想法について話されましたが、そのどれを選ぶべきかをどのようにして知ることができますか」

ヨーギー「それぞれが明確な内容をもっています。

真理に瞑想するということは、そのことによって心にある無知が取り除かれます。

神に瞑想することによっては、神の真実を知ることができます。

また私は誰かという瞑想は、偽りの自己を取り除き、真実の自己に目覚めさせます。

これらは複合的にしていくことになるでしょう。一回の瞑想においては複合的ではなく、一つの対象に集中します。時に応じて別のものも行なわれるということです」

カーシナータが幼い女の子と一緒に加わった。しばらくの沈黙の後、ヨーギーはゆっくりと続けられる。

「心は常に動揺し、それによってまた心はかき乱されます。真理を学ぶことによって、真理への熱望によって心の波を静めてください。その状態が堅固に持続するなら、その時あなたは真実の自己に目が覚めるでしょう。（微笑まれながら）本当にそれは目覚ましいものですよ。それまでは皆、夢の中です」

女性Ｂ「瞑想の中で、ハートの作用はあるのでしょうか」

ヨーギー「はい、ハートの作用はとても大きいです。今日、何度もお話しした情熱はハートから出てきます。さらにそれを熱く大きく育ててください。そうすればマインドの波は静まります。ハートは私たちの中心につながっている通路のようなものです」

カルナー「瞑想中に、真実は何か、神とは何かと問いかける時、よく言葉を使っている感

じがします。言葉を使うことをある時点で止めてもいいのでしょうか。それとも言葉を繰り返した方がいいですか」

ヨーギー「言葉は思いの粗大な部分です。言葉の役割は初めのうちのみで、それが十分に心の中に浸透したならば、もはや言葉は必要ありません。今度は味わいをもってください、味わうこと。神は言葉を超えています。しかしそれを感じることはできます。それを感じてほしい。味わってほしい」

カーシナータ（嬉しそうに）「娘のエイドゥリアーナをマハーヨーギーに会いに連れてくることはとても大切なことでした。長女です。ここに来る途中、娘は僕に『マハーヨーギーは神様？』と聞きました（皆笑）。自分は何と答えてよいか分かりませんでした。それについてコメントをいただければ」

皆はニコニコしながら、カーシナータの膝の上に寝転んでいる娘を見守っている。

ヨーギー（微笑まれて）「う〜ん、じゃあね、そうですよって（皆笑）。そして、カーシナータ、お父さんもその神になろうと努力しているところですよ。また、エイドゥリアーナも神なんですよって」

カーシナータは嬉しそうに、ヨーギーのお言葉を、恥ずかしそうにしている娘に伝える。

カーシナータ「娘は咽《のど》が渇いているようなので水を飲ませてきます（皆笑）。今日は連れてこさせていただいてありがとうございます」

女性C「先ほどの質問とちょっと関係していますが、私は誰かという瞑想をしてみましたが、あまりうまくいきませんでした。答えがくるような気がする時もありますが、言葉を繰り返しているために、何か心が拡張（瞑想）するのを妨げてしまっているような気がします」

ヨーギー「本当にもう不思議」

皆一斉に笑う。ヨーギーが軽快に笑いながら続けられると、すぐに静かなムードが訪れる。

「私とは、リアリティそのものなの。抽象的ではありません。抽象的なのは心です。あなたはリ、ア、リ、ティそ、の、も、の、なのですよ。もう少し続けて努力してください。

その探求は、あまり心を緊張させてやってはいけません。軽やかな調子で行なってください。そのことについてブッダはこう言っています、『琴の弦は強く張りすぎても、弛みすぎてもいい音が出ない』。そう、チューニングです。それは訓練を続けていく中で体得

できます。学びも、それからアーサナ*や瞑想、すべては訓練です。でも、それらが目的であるのではなくて、それらは手段なのですよ。もちろん目的は真理を悟ることですから。だから、常に目的だけを見つめてください」

アンジャリー「命を懸けるということは、座って瞑想する時に、肉体的にもそこで死んでもいいということですか」

ヨーギー「そうは思っても、なかなか本気にそこまではいけないものです。ですが、真剣さというものは、真理が実現できないならば、この命は要らないという決意です。

昔の話にはこうあります。

若い修行者が真理を求めて森の中を彷徨《さまよ》っていました。するとそこに巨大な怪物が出てきて、真理を歌っているのです（皆大笑）。修行者は直観しました。この怪物は真理を知っている。私はぜひともこの真理を知らなければいけない。すると怪物は言いました。おまえの命をくれるならば真理を教えてやる。修行者は言いました。真理を知ったならばこの命は要らない、と。そこで怪物は修行者に真理を説きました。修行者はそれをたちどころに悟った。その瞬間、怪物は元の神の姿に変身した。このようなものです。

皆さんも悟りを求める真剣さと情熱がますます高まり、真理を実現しますように。
今日は、そろそろ時間がきたようで……。この続きは二週間後にまたしたいと思います。初めに紹介したカルマ・ヨーガの続きもありますから。またお会いするのを楽しみにしています。ありがとう」

「*ジャイ！　サットグル・シュリー・マハーヨーギー・パラマハンサ　キ・ジャイ！
*オーム・タット・サット」

一同が立ち上がって合掌し、高揚しながら見つめ続ける中、ヨーギーはその場を後にされた。一貫して爽快で迫力のある、実に力強いサットサンガ。後に残された空間には悟りに対する熱気が充満している。各自のハートは尽きることのないヨーギーに対する尊敬と憧れ、真理への熱情でいっぱいになっているに違いない。そして新たに悟りへの決意を胸に秘めたことだろう。

二〇〇四年八月二十日（金曜日）　ニューヨーク

サットサンガ（ニューヨーク）

慈悲と献身

シャーンティパーダがサーナンダの記事『カルマ・ヨーガ――自己犠牲』(『パラマハンサ』掲載分より)を朗読する。その間、ある者はリーフレットを手に集中し、またある者は目を閉じて静かに座っている。ヨーギーは一人一人をゆっくりと見つめ、ダルシャン(祝福)を与えておられる。

朗読の後、しばらく浄《きよ》らかな沈黙が続く。

慈悲と献身奉仕

フェロメナ「シュリー・マハーヨーギー、カルマ・ヨーガにおける慈悲と無執着についてお話ししていただけますか」

ヨーギー「前回の文章(『カルマ・ヨーガ――仕事の秘訣』)は、もっぱら自らの義務を果たしながら奉仕をしていくというものでした。今回の内容は、より積極的に自分自身を献身していくものです。

通常、私たちの心の執着は私と私の、もの、に因《よ》っています。これが執着の最も大きいものです。一方でカルマ・ヨーガの実践という教えがやってきます。まだ十分に訓練ができていない間は、自らのカルマ(行為の因果作用)である義務を果たしていかなければなりま

せん。しかし、修行が進むにつれて、私と私のものは間違いであったということに気付かされます。同時に、他者の苦しみや悲しみに同情する気持ちが大きく湧いてきます。ここからがより優れたカルマ・ヨーガの始まりです。

積極的に自らの無知、煩悩を無くしていくこと、同時に他者に献身奉仕していくことは、瞑想をもっぱらとするヨーギー*たちと同じくらい難しい作業です。例えばラージャ・ヨーギーたちはさまざまな戒律*を調え、アーサナ*（体位法）やプラーナーヤーマ*（調気法）、瞑想を通して真理を悟ります。いわば心を透明にする作業です。

一方のカルマ・ヨーギーは瞑想という手段ではなく、実際にこの世の中において他者に奉仕することによって同じ結果を得ます。これは自然に湧いてくる慈悲、カルマ・ヨーガの流れです。

参考までにボーディ・サットヴァ*（菩薩）という言葉は、二千年ほど昔、仏教の教義から生まれたものです。これは、かつてあの主ブッダが前世において成し得た修行とその徳を表しています。そして二千五、六百年昔に生まれた時に、ブッダとなったわけです。二千年前の仏教が教えるボーディ・サットヴァの行というのは、他者のために自己を捧げなさい、そのためには自らの悟りでさえも放棄すべきものであるというものです。これは何も

仏教だけのものではありません。インドで昔から伝えられてきた教えでもありますし、また世界の其処彼処《そこかしこ》にもそのような教えはあったと思われます。

つまり私と私のものというものは本当はないのです。そこにあるのはあなた——一《ひとつ》の存在だけです」

女性A「自分がどん底にいて恐怖に直面している時に、信仰と勇気をもって他者に奉仕するのはとても難しいです。どうすれば自分の中に強さを見いだすことができるかをお話しください」

ヨーギー「それが問題です。確かに信仰はすべてを可能にする希望です。しかし、その信仰は養っていかなければなりません。養うには真理を学ぶこと、そしてさらに少しばかり訓練を必要とします。それは何でもいいです。カルマ・ヨーガでもいいし、アーサナや瞑想でもいい。真理を理解していく力が心に湧いてくると同時に、信仰も大きく育っていくでしょう。信仰は真理に基づかなければなりません。それは単なる現世利益的な信仰ではありません。ゆえに真理を学ぶ必要があるわけです。

真理はすでにあなたの中に在るのですよ」

スーザン「前回のサットサンガ*（真理の集い）で、常に自分自身を静寂に保つことについてお話しいただいて大変ためになりました。私はいつも、私たちの政府が世界中の人々に苦しみや死をもたらしていることに心を痛めています。私たちはそれをどうやって止めたらいいのか、アドヴァイスをいただければと思います」

ヨーギー「現在地球上で起こっているさまざまな出来事は、悲しさを一層大きくしています。さまざまな国のエゴがまさにその原因だと思われます。それぞれの国の主、あるいは首相などがヨーガを学んでくれたらいいのだけれど（笑）。でも、彼らは平和よりも自分たちの欲望だけを満たそうとしているようです。

私たちにできることは本当に何なのでしょうか。一人一人の人間が正しく生きること、さらに普遍的な愛と平和に満ちた世界という理想をもって自らを高めていくこと、これが基本だと思います。次には機会を見つけて抗議する。これは民主主義の原点だと思います。大事なことは、その世界の出来事によって動揺、混乱を大きくしないようにすることです。心の中の思いは、発せられる言葉や行動よりも強いのです。常に心を平和と愛に満たして統一してください」

カーンタ「カルマ・ヨーガは素晴らしい霊的修行だと理解しています。ベストを尽くして

いるつもりですが、苦しんでいない人に対してカルマ・ヨーガ（無私の働き）をすることの難しさにぶつかっています。彼らがより喜ぶだろうと思ってやっていたことなのにトラブルが起き、相手への僕の怒りが爆発してしまいました。心の平和を望んでいますが、なぜそんなことが起こるのでしょうか」

ヨーギー「カルマ・ヨーガとは自分を与えることです。その怒りという反作用をもってはいけない」

カーンタ「周りの状況に対して我慢することは、自分の心を傷つけることにならないのですか」

ヨーギー「それに反応しないような心をつくらなければいけない。どのようなヨーガであれ、それは心を制御することです」

不死の実存

ジェリー「シュリー・マハーヨーギーは真実や実在こそが不死であり、永遠であるというように不死、永遠という言葉をよく使われます。不死、永遠とは何ですか。それについてもう少しお話し願えませんか。どちらかというと心理的な現象だとは思いますが、突発的

に起こる強烈な集中状態においては、時間や物事への考えが途中で止まったように感じます。一時的に時間が存在しないように感じ、そしてまた存在し始めるという……」

ヨーギー「それらの言葉は悟りを表現したものです。時間は心に依存しています。楽しい時は短く、苦しい時は長く感じるのもそのせいです。集中と瞑想においては時間の感覚はなくなっていきます。そのため、うまくできた瞑想では時間は短く感じられ、うまくできなかった場合は長く感じられます。それはまだ心の領域にあります。

悟りとは心を超えたところに在るものです。心を超えたということは、心が全く動きを止めて無くなったかのような状態です。その時、真実が明らかにされます。その真実とは、私たちの本質として存在しているものです。それは本来、言葉では表現不可能なものです。しかし、私たちは言葉でしか表現することができません。最も近い言葉は、ただそれが存在であるということです。存在――つまり実存です。それは何ら関係するものをもちません。生まれたこともないから死ぬこともない。それを永遠、または不死といいます。

この身体も心も一刻一刻、生まれては死にます。しかし本質は死ぬことはありません。もちろんそれは複数あるものではありません。それだけが在ります。この宇宙万物の姿形が多様でも、それは表面だけの問題です。その本質においては、一《ひとつ》のリアリティだけが在

ります」

ジェリー「そのプロセスとは本質としての私を追求していくことですか」

ヨーギー「そうです。私たちが『私』と言う時には、単なる第一人称を指しています。次に私とは何か。この世界の経験は複雑です。私たちが完全な愛と平和を求めているのにもかかわらず、それらの相対的関係は永遠ではない。これが真理が教える誤った見方のことです」

ジェリーは真剣な眼差しでさらに質問を続ける。

「間違った見方というのは、世の中に完全な愛を探すということですか」

ヨーギー「そう。ですから第二人称や三人称よりも、第一人称に引きこもること、さらにそこから奥に進んでいくことです」

ジェリー「第一人称に引きこもっていくと、世の中はどうなってしまうのですか」

ヨーギー「執着が無くなっていくに従って、世界は少しずつ消えていくでしょう。結局、世界は私たちの執着によって見られています」

女性A「それは肉体的な死ですか」

ヨーギー「はい。身体は一時的な仮死状態に入ります」

女性A「瞑想中に肉体的に死んでしまうことがあると聞いたことがあります。それは（瞑想に）深く入った場合に起こり得ることですか」

ヨーギー「その危険を避けるために、この小宇宙の身体には特別な力が蓄えられています。その力をクンダリニー*と呼びます。外面的に身体と心には死の状態が訪れますが、クンダリニーの力によってそれを復活させることができます。ヨーギーたちは準備に非常に長い時間をかけて修練をしていきますから、このようなことは滅多に起こらないと思いますが、そのような体験が突然起こったとするならば、それは前世における修行がそうさせたと理解されます。

本当に不思議なことですけれども、不死を得るためには死ななければならないのです」

ジェリー「心の死ということですか」

ヨーギー「そうです、心の死です」

グルと弟子

プラジュナー「シュリー・マハーヨーギー、グル*（師）の役割についてお話しください」

ヨーギー「言葉上の意味は闇を照らす光です。闇とは心の中に潜んでいる無知や執着のこ

とです。光はもともと誰もの中にある本質です。しかし、あまりにもその闇が深く、自らの光でそれを取り除くことができない時、外からもう一つの光をあてがいます。これがグルの存在理由です。

グルは真理そのものです。もし真理そのものでなければ、それはグルとは呼べないからです。もちろん真理とは、各自の中にある真理そのものでもあります。目的は、ただその狭間にある無知という闇を取り除くことだけです。それが取り除かれるやいなや、グルと弟子の境はなくなります。二つの光が重なったら二つに見えるでしょうか。そこには一つの光しかありません」

プラジュナー「弟子の役割についてお話ししていただけますでしょうか」

ヨーギー（微笑まれながらもはっきりとした口調で）「弟子は真面目に真剣に学ばなければいけません。そう、本気で真実を求める必要があります。世界はいろいろな刺激や魅力を投げかけてきます。これら一切の誘惑に打ち克ち、死神の下に倒れるのではなく、自らが自立する、そういった意志を強くもたなければなりません。そうして真剣に修行を進めていけばいくにつれて、自らのダルマ*（義務）というものが明らかになっていくでしょう」

ヨーギーに薦められて『カルマ・ヨーガ』を読んでいるというクリスティン。教えの理解を深めるのに役立っていると嬉しそうにお礼を述べる。
クリスティン「朗読の記事にもあったように、本の中でヴィヴェーカーナンダ*は働くことの大切さを強調されています。以前に質問した、この世界はただの夢であるという教えについて、まだ混乱しています。この世がただの夢なら、私たちの行為がなぜそんなに重要なのですか」
ヨーギー「『この世界が夢だ』と本当に言えるのは、目覚めた人間だけです。皆は夢の中でまだ夢を見ているかしらと思うかもしれない。しかし、それは本当に目覚めてみるまでは分からない。ですから、夢の中であったとしても、正しいという教えには従った方がいいと思うよ。きっと目覚めが良くなるから(皆笑)」
カルナー「私も薦められた本や、幾つかの本を読んでいます。私はまだ目覚めには到達していませんから、それを理解するには自分の心を使うしかないのは分かります。でも本を読むことは、自分で発見することを妨げてしまうのではと思うことがあります。アヴィラの聖テレサの『内的な城』という本を読んでいますが、途中までしか読めていません。その先を読んではいけないような気がして。先を読むべきですか」

ヨーギー「理解することと成ることは別のものです。確かに読むだけでは悟りはやってきません。聖典や教えは、いわば地図のようなものです。あなたはちょうど目的地がどういうものか教えられてはいるが、その通路を探すことはできない。たとえ聖典が教えることであっても、現実は違うから。しかし、一歩ずつ進んでいくことを怠らないでいるのならば、聖典が教える地図を正しく理解することができていく。要は全身全霊でもって、真理に向かっていくことを怠らないことです」

女性B「どんな仕事をしていても、バクティ・ヨーガを行なうことは可能ですか」
ヨーギー「可能ですよ。(微笑まれ)仕事は何だってかまいません、犯罪でなければ(皆から笑いが起こる)。バクティ・ヨーガは、ちょうど愛《いと》おしい恋人を常に思うようなものです。仕事よりも大事でしょう？　でも仕事もしなければならない(皆笑)。だから心と身体は仕事にベストを尽くしてください。しかし、ハートは常に愛おしい神を思うことです」
アルベルト「バクティ・ヨーガとカルマ・ヨーガについてのお話が出ましたが、自分で一つを選んでそれだけをやっていくのですか。それとも両方とも一緒に行ないますか」
ヨーギー「両者の具体的な対象は、最初は別のものに映るでしょうね。つまりバクティ・

ヨーガにおいては、理想の神を思うということですね。一方カルマ・ヨーガは、この世界で他者に献身的に奉仕していくことです。しかし、この他者という万物は愛する神の別の姿にほかならないということが理解されれば、カルマ・ヨーガとバクティ・ヨーガは一つになります」
アルベルト「それは自分で決めるのですか？　僕には好みがあるのですけれど」
ヨーギー「それらは矛盾することではありませんから、自分のやりやすいところから進んでいってください」
アルベルト「どこかに連れていってくれる車のようなものですね（皆笑）」
ヨーギー「……すべては神、アートマン*だけが在りますから、その車も神だったということに気付くでしょう」

クンダリニー

スコット「僕たちのやっているアーサナは、三番目のチャクラ*（プラーナ*の集まるセンター）に強く集中するアーサナが多いです。そのチャクラの重要な意味、プラーナ（気）の循環とクンダリニー（無尽蔵の神的エネルギー）の活性についてお話ししていただけますか」

ヨーギー「この世界、宇宙、身体や心をも動かしているのはプラーナです。そのプラーナはこの小宇宙の中で五つの働きに分かれます。鼻から心臓までの呼吸を司るプラーナ*、心臓からへそのあたりにかけて働くサマーナ*、さらにそれから下にはアパーナ*、その他、鼻から上はウダーナ*といい、肉体が死ぬ時と瞑想の深い状態の時に働きます。そして、この全身を調節しているヴィヤーナ*があります。

三番目のチャクラはマニプーラ*・チャクラ（へその部位）といって、サマーナの中心です。これは主に生理的には食物を消化する働きをしています。微細な身体においては、火の性質をもっています。一方、クンダリニーはその下にあって、アパーナとプラーナをサマーナの位置で一つにします。そこでさらにサマーナの火によって熱を高めます。この熱によってクンダリニーは少しずつ起き上がっていきます。これがサマーナ、つまり三番目のチャクラとクンダリニーの密接な関係です。

それから私たちが行なっているアーサナは、決してここだけに集中しているわけではないと思います。しかし、ヨーガのシステムそのものが火の原理に基づいているということは事実です。それはヨーガよりも昔にはタパス*と呼ばれていたもの——熱です。昔の時代には、苦行という肉体を苦しめることによって熱を生じさせようとしました。しかし、

それはあまり効果をもたらしませんでした。なぜなら、彼らは来世における幸福を願っていたからです。ヨーガが現れることによって、あの世の利益よりも真実を悟るということが求められるようになりました。ここで熱の意味が、外的な刺激から内的な浄化へと変わってきます。これがヨーガのもっているシステムであり、また、ブッダの行なった修行です」

ヨーゲーシャ「火の修行ということですが、最近断食を始め、そのために身体が時々冷えるのを感じ、消化の火が弱まります。この火というのはヨーガの修行における火と同じですか」

ヨーギー（はっきりと）「ヨーガでは断食は勧めません。なぜなら今経験しているように、ヨーガの熱がさらに高まれば身体を壊す熱になりかねないからです。ヨーガは食べ過ぎる者にあるのでもなく、断食の者にあるのでもない。特に*ハタ・ヨーガ（身体的修練を中心としたヨーガ）、あるいは*クンダリニー・ヨーガ（プラーナの制御と神への信仰を中心とするヨーガ）においては、適度に適切な*サットヴァ（清浄）性の食べ物を摂る必要があります。その食物は体内における*シャクティ、つまりクンダリニーが食するのです。ですから、断食はすぐさまやめて、少しずつ*サットヴィックな食事をしてください。一般的には、断食はさ

まざまな病気や身体のトラブルをなくすのには効果的といわれています。しかし、もう健康であるならば必要はありません」

ヨーゲーシャはしっかりとヨーギーを見つめ、うなずいている。

ジェリー「サットヴィックな食物とは何ですか」

ヨーギー「それは野菜を中心としたものです」

前列に座り、熱心に質問をしていた女性が再び話しだす。五年間瞑想をしているという彼女は、瞑想中クンダリニーの上昇を感じると、ひどい頭痛が起こるという。ヨーギーはその話を聞き、少し考えられた後、その経験について詳しく話すように促される。

女性A「尾てい骨から始まり、ぐるぐる上がっていくのが感じられます。上がるにつれて身体がリラックスしていき、腕が浮いて、まるで身体全部も浮いていくような……。それはとても静寂な空間です。そしてそのエネルギーが完全に身体の中を通って第三の目までいくような感じがして、その時点で緊張が起きます」

ヨーギー「正確に分析すると、それはクンダリニーの前触れの状態です。真実のクンダリニーの上昇は、*スシュムナーという背骨の中心の道を上がっていきます。その他の身体の

部分にその力が逃げないようにスシュムナーだけに集中しなければならないのです。この身体には七万二千本のナーディー*――プラーナが流れる道――があるといわれています。しかし、クンダリニーにおいては一本のスシュムナーだけが重要なのです。今後そのような本当のクンダリニーの上昇が起こっていくことになるでしょう。クンダリニーというのはシャクティのことなのです。シャクティは女神です。つまりバクティ（神への信愛）の要素がここにあります。ですから現在の状況においてはその力に集中をして、それを女神だと思ってください。そうすれば女神はいろんな困難を取り除く役割をしてくれます」

女性Ａ「ありがとうございます」

アルベルト「マハーヨーギー、欲望が私たちをエゴや心に縛り付けているように思います。欲望を手放すのは難しくて、そうしたくてもできなかったりするのですが、どうすればいいかをお話しください。僕はサレンダー（服従）することを好みます。自分がどうしたいかではなく、神はどうされたいのかという」

ヨーギー「他者の求めることに気付くためには、自分の欲する事柄を無くしておかなければならない。自分の欲望を無くすためには、その欲望が永遠なものであるかを識別しなければ

ればならない。あるいは実存であるかを」
アルベルト「欲望が永遠か？　意味が分かりません」
ヨーギー「もしもエゴが、何かこの世界の物質に対して執着をもっているのならば、それが無くなれば他者の望むものを感じることができるでしょう。そうすればあなたは自らを捧げることができる」
カルナー「おっしゃっていることは、欲望の対象が永遠かどうかということでしょうか」
ヨーギー「そうです」

プリヤー「マハーヨーギー、数週間前、重い病気や死に逝く人たちへの奉仕について、笑顔を絶やさないようにと指示をいただきました。誰かが泣いている時、笑顔でいることもできるし、共に泣くこともできますよね。それが助けになっているようですが、それはすべきではないですか。

　また笑顔で接している時に、相手のどちらの目を見つめるかによって何かが違うように思います。それについてお話しください」

ヨーギー「優しい笑顔は最良の贈りものです。でも、その相手と状況に応じて共に涙を流

すことも重要です。すべては慈悲の心がさせるのです。
　それから、右と左の目の違いについては、昔から右の目の中にインダ*（インドラ）という神がいるといわれています。これはウパニシャッド*という古い聖典などに記録されています。それが右と左の違いです」
プリヤー「反対の目はどうですか」
ヨーギー「その聖典がいうところは、右の目は神的な目であり、左の目は心の目ということになります」
プリヤー「他人と接する時、それを知る方法はありますか」
ヨーギー「そうですね、右の目に集中して見てごらんなさい。きっと神人《プルシャ》が見えるはずですよ」
プリヤー「慈悲の心についてもう少しお話ししていただけますか」
ヨーギー「慈悲心は誰もに備わっているものです。しかし、その発動を邪魔しているものがエゴであり、欲望であり、執着です。エゴによって私があり、他があり、さまざまなものが存在します。これは他と区別する意識です。けれどもエゴが薄らいでいき、やがて無くなっていったなら、自と他の区別は無くなっていきます。たとえその姿が無数にあった

としても、そこに在るのは一《ひとつ》のものです――それはアートマンであり、また、神そのものです。つまり、私は目の前のその人です。もしも目の前の私が困っているならば、そこに手を差し出さないでいられるでしょうか。別に見返りを求める必要はありません。ただ笑顔で至福の喜びを分かち合うだけです」

ヨーギーは柔和な表情で微笑まれる。

求道者たちの質問は途絶えることなく続いた。ヨーギーへの集中に、皆時間が経つのも忘れているようだ。

ヨーギー「皆さんの熱情の高まりで大分時間を超えてしまったようです。楽しい時は早く過ぎ去ってしまいました。もうこの部屋を引き払わなければなりません。二週間後にもう一度サットサンガが行なわれる予定です。またその時にお会いしましょう」

「*ジャイ!　サットグル・シュリー・マハーヨーギー・パラマハンサ　キ!　ジャイ!
*オーム・タット・サット」

二〇〇四年九月三日（金曜日）　ニューヨーク

万物の真実

この日アーシュラマ[*]には六人の西洋人が会し、国際色豊かなサットサンガ[*]（真理の集い）となった。ニューヨークからカーンタ、オレゴンからブレント、カリフォルニアからはアーサナ教本[*]でミッションのことを知ったというジェイコブと友人のランディ、彼らはヨーギーにマンゴーとオンシジュームの花束を捧げ、通訳のヴィショーカの傍に座る。三十人を超える参加者たちでその場の熱気は高まっている。

ヨーガの道とカルマの道

遠藤「瞬間瞬間に生きていくという言葉がすごく好きで、そうありたいと思うのですが、ふと過去に自分が戻ってしまったり、先を思い煩ったりすることがあります。瞬間に集中できないのはどうしてかということと、瞬間瞬間を生きていくにはどうしていけばいいのかを教えてください」

ヨーギー「私たちの身体と心は常に活動することを余儀なくされています。それが習慣的、本能的になっていて、少しの間であっても静かにすることは難しい。たとえ少しの間静かにしていても、心はたちまち過去の記憶を呼び起こしたり、未来の不安を連れてきたりする。心理学的に見れば、心が記憶という執着の関係を引き起こしているということがいえ

る。これは一方で、執着という力関係を断ち切ることで記憶が薄らぐということを示唆しています。本能が習慣付けられた活動ならば、また静かな状態というものも習慣によってつくり上げられる。

ヨーガの体系の中では、アーサナ（体位法）によって常に動こうとする身体を静止させ、それに伴う呼吸を静める。さらに真理を学び瞑想していくことによって心の中にある執着や無知を取り除くことができる。これらの修練を通じて心は動揺することをやめます。すべては修練です。実修（数人が苦笑し、ヨーギーは軽やかに笑われる）」

遠藤「アーサナや瞑想など決まった時間の修練以外に、普段の生活の中でしていくべきことはどういうことですか」

ヨーギー「修練の障害になるものは病気や怪我、あるいは心の悩み、動揺などです。それらを治療するため、また予防するためにも定期的実修は不可欠です。そうして真理を求める情熱を高めることで、本当の信仰がやってきます。さらにバクティ・ヨーガ*やカルマ・ヨーガ、ギャーナ*・ヨーガなどを深めていくことによって、一日一日の行動は何も問題はなくなっていく。（苦笑する遠藤さんに）そう思いませんか」

遠藤「はい、汗が出てきました（皆大笑）」

カーンタが子供のように手を挙げ、笑いが起こる。

カーンタ「カルマ・ヨーガは苦しんでいる人たちを助け奉仕する、バクティ・ヨーガは神を愛する、ギャーナ・ヨーガは真実と真実でないものを識別する。でも、何が真実なのかといえば、神と自分の関係だけが真実でほかのすべては真実ではない……ということですよね」

ヨーギー「そこまで完全に識別がなされたならば、真実という実在しかないということが分かる。それが神と呼ぶものであって、またあなた自身の真実でもある」

カーンタ「それは最終的に自分が神の一部であるとか、自分が神、もしくは真理であるということを悟ったり、サマーディ*（三昧）の中で融合するという感じですか」

ヨーギー「もっと厳密に言うならば、それは神の一部ではない。神そのものである。またそれは融合するのではなく、自らが自らに目覚める。この自覚こそが、ヨーガのみならずすべての宗教の究極です。なぜなら真実、真理というのはそれだけなのだから。サマーディの中でそれを悟りなさい」

カーンタ「魂の目標とはサマーディに入って最終的に悟りを実現する、もしくは神を悟るということですか」

ヨーギー「その通りです」
カーンタ「自分に起こることはすべて、良いことであっても悪いことであっても悟りに向かわせるということで、自分にとってプラスになるということですか」
ヨーギー（しばらく沈黙されて）「すべての出来事は常に二つの道に分かれます。楽な道、苦しい道、良い道、悪い道、それらはすべて相対的です。もう一つの選択肢がここに出てきます。真実かそうでないか、つまり真理の言葉に従うか、それともそれを知らないか。これによってヨーガの道とカルマ*の道に分かれるわけです。もし真実を望むならば、ヨーガの道を選ばなければいけません」
ジェイコブ「瞑想中やヨーガの実践をしている時は、師のお姿を思い浮かべてもいいですか。僕はシュリー・マハーヨーギーを思い浮かべます」
ヨーギー（微笑まれ）「はい、いいですよ。そうして行なってください」
　この日より以前に一度ヨーギーと面会していたジェイコブは、「実はすでに瞑想の中で彼を見たんだ」と笑顔で語る。

宇宙の真実

ブレント「科学によると、宇宙ができたのは約百五十億年前で、地球ができたのは四十六億年前、人間が現れたのはもっと遅い時期です。私の理解は、ある時モーゼは神から『我は我在りというものである』というお告げを受け、ブッダはブラフマー神（梵天）から人々を悟りに導くよう求められ、説教を始めたということ。それらはどれもが神は人間とは無関係であることを暗示しています。私が興味をもつのは神の性質についてで、少なくとも歴史上では、神は人間とはかけ離れた、人間を必要としない存在であり、人間は神の創造物です。神は私たちとは離れた存在なのか、また、私たちのすべきこと、もしくは選択するべきことは神と一体になろうとすることなのか、その点を明らかにしていただけたらありがたいです」

ヨーギー「一般的に流通している知識――つまり神が万物を造ったという一説――この考え方に一致するものは東洋にはありません。むしろインドにおいては古い時代から、神という存在は何ぞやという問いかけがなされてきました。神々はいっぱいいます。しかし、その背後にあってすべての原因となっている存在は何なのか。この宇宙を現し、万物を育み、しかも刻々と動かしている力。その探求者がインドにはブッダ以前から何人もい

ました。

さらに物理的宇宙に関する研究もなされてきました。確かに現代科学における見解は、ある時ビッグバンがあり、そして現在のように宇宙は進行しているという、いわば一直線の筋に象徴されるでしょう。しかし、万物のこの生命のあり方を見てみれば、生まれたものは必ず死に、そしてまた新たな生命が生まれるということを繰り返している。このシステムのほかにあるものなどは、この宇宙の中には何もありません。この宇宙さえもがある時生まれ、やがては死にます。そして我々の心が理解することができないほどの遠い昔に、同様のことが何度も繰り返されたことでしょう。また未来においてもあるでしょう。インドの考え方は直線ではなく、円形の螺旋《らせん》状です。

聖典にはこうあります。*クリシュナは言います、『誰もその始まりと終わりを知ることはできない。人はただその中間のみを知るだけである』。

つまりこれは永遠の循環を繰り返しているという意味です。この深遠な真理こそが、インドにおいて熱烈に探求されたことであり、またこれがヨーガの中心でもあります。

我々の一日の生活を観察してみても、そこには大きく分けて三つの異なった状態があります。目が覚めて起きている時の意識状態。そして夢を見ている時の状態。ここでは全く

違った世界があります。しかし夢の中では、夢は現実です。そして夢も見ない熟睡をしている意識状態。これは誰もが毎日経験していることです。すべての悩みも希望も、この起きている時に生まれます。これはどこからくるのか——経験ですね。双子であっても心の世界は違いますから、経験もまた、今生だけではなく過去世に原因を求めなければいけない。これらのことはすべて、ある原因とその結果という因果関係と理解できます。

問題は、その主人公であるところの私とはいったい何者であるかということです。この三つの意識を知っている第四の意識がある。この第四の意識は心のさまざまな動きには巻き込まれていません。それをただ見ている、あるいは知っている光のような意識です。しかし通常は、一番目の意識の中に大きく宿っているエゴという私意識が、この第四の意識を騙《かた》っています。そういう意味でもこの私という正体を解き明かすことはとても重要なことです。

このような幾つかの重要なキーワードを頼りとして真実を悟った存在が、インドには連綿として顕れてきました。そして彼らの達した、あるいは彼らが目覚めた真実の証言はこうです。『かつて、この全宇宙の背後にあって、偉大なる存在として昔から求められていたものと、この身体の中にあって、私という真実の存在とは同じである』。その真実は言

葉も届きませんし、形もありません。神という言葉さえも届きません。言えることは、それはただ在るというものです。あの聖書の言葉を正しく理解するならば、まさにそれを表している最も近い言葉です。それだけがリアリティです。それがあなたです。

真実はすでに私たちの中に在ります。ただちょっと心がそれを（足元にあるマンゴーを手で覆われて）覆い隠して邪魔をしているようなものです（皆笑）。無知という暗闇がそう。だから（ふっと息を吹きかけられ）、払い除《の》けなければいけない。そうすれば、もうすでに在る真実はひとりでに輝くでしょう」

アンビカー「キリスト教や今の仏教の組織には、ブレントが言うように、神が人間を造って、中には私たちが罪深い者であり、罪を消していかなければいけないというような教えがあります。それはモーゼやブッダに直接与えられた啓示ではなく、その後に子供に分かりやすく教えを説くような形で、教会などが使ったと解釈したらいいのでしょうか」

ヨーギー「真理というものは小さな子供にとってみても、普遍的で公平なもの、つまり太陽のように世界の隅々にまで光を届けることができる、そこに差別はないものだと思います。もし我が宗教だけが正しい、他は間違っている、あるいは我が宗教によってのみ救われる、というような教義をもっているならば、それらははっきり言って間違っているとい

えます。

宗教の門を叩くほとんどの人は、苦しみや悲しみから逃れたい、救われたいと、藁《わら》をもつかむ思いで駆け込むと思います。この場合は応急処置をしなければいけません。完全ではないけれども、その当事者をただ救うためだけの方便としての教えという意味においては、それらは世界中にあります。しかしそれ以上、そのことによってその人を束縛してしまうようなことがあれば、それは宗教の過ちだと思う。この世のあらゆる事柄を学んでいくにしても、小学校から中学校、そして高等学校、専門の大学へと進んでいくように、宗教においてもその深みは順次歩を進めていかなければいけません。それは究極の真実に辿り着くまで進めなければ解決はしません。

真実とは、それ自身で自立・独存したものだから、教義にも宗教の名前にも歴史にも、また組織、権力、一切のものに頼るものではないのです。そんなに純粋で気高い存在が私たち自身、万物の、あるいは宇宙の真実です。

この二千年の歴史は壮大な時間の中から見れば、見えないほどの小さな一瞬にすぎません。しかしこの時間の中で、宗教の名の下にあらゆる残虐なことが行なわれてきたし、今も行なわれています。これこそは人の心の中に宿る無知であり、または宗教の無知とい

うふうにいえます。

真理は誰の、あるいはどの宗教の専有物でもありません」

輪廻転生と救済

ブレント「輪廻転生の中で私たちの死後、生まれるまでの間の存在について教えていただけますか」

ヨーギー「輪廻転生というものは、ある個体性をもった心が幾つもの生涯にわたってカルマを行なうというものです。何か良いことをしたならば良い結果がやってくる。悪いことをしたならば罰がやってくる。そしてまた心の中に宿っている欲望――心が執着しているもの――が果たせなかった場合は、それを果たすためにもう一度生まれなければいけない。これは過去世と今生、あるいは今生と来世のあり方です。

そしてこの間はどうなっているのか。つまり輪廻転生というものは心の内容が反映している、あるいは心の中にある原因の結果だということが理解できます。この中間においては、あなた方が実は毎日経験をしている――つまり夢の中の世界、ちょうどそこに行きます。そして朝がきたら目が覚めるように、時間がくれば来世に生まれます。この私たち

の人生そのものが輪廻転生の象徴なのですよ。常々思っている心の世界が夢に現れますから、常にいい思いをもってください」

アンビカー「昨日の自分と明日の自分の状態が代わり映えしないことがほとんどなんですけれども、それが嫌だと思ったら、起きている時に執着していることを全部切り棄てるようなことをして、寝て起きたら次の日に変わるという、簡単に言えばそういう……」

ヨーギー「はい、そうです。ヨーガの哲学はとてもおもしろくて——哲学というのはさまざまな事柄をある象徴的な方程式によって理解するという手法です——それによると、この物質的宇宙はグナという三つの異なった要素によって、活動を余儀なくされているとしています。そして一見同じことが連続しているというのも、顕微鏡のような目で見てみるならば、それは過去のものと現在のものが同様の状態を示している。一つにつながっているというのも実は錯覚であって、つながっているように見えているというのが正解だということ。物理学的に言えば、瞬間瞬間の状態が同様なので、心はそれが連続しているように見てしまうということです。

つまりこの方程式を踏まえるならば、嫌なことに気付いた時には、気付いたという亀裂が起こったわけです。そして次の瞬間に改めるという、新たな動きを持ち込むことが

可能であるということを教えているわけです。これはヨーガ的な考え方と取り組み方、両方です。

　そのほかにもそれをそうさせない働きと力が潜在的に記憶されているということも事実です。これはサンスカーラ*と名付けられています。だからこそ良いサンスカーラを常々蓄積していかなければならない。先ほどの例で言うならば、カルマのサンスカーラではなく、ヨーガのサンスカーラを取り込んでいくということです。ヨーガというのは真理ということですね。さらには信仰というものもここでは大きな助けになります」

程野「以前、アヴァターラ*（神の化身）が降りてきてくださる意義をアンビカーさんが質問された時、『至福を味わってそれを全宇宙に発散したらいい』、そして『ただ心を飼い馴《な》らしてはいけません』とおっしゃいました。それについて教えてください」

ヨーギー「心を飼い馴らすということは、心がエゴをもって無知を生じさせることになるから、そうしてはいけませんということ。この世界においては心を有して活動をしなければなりません。しかし心は主人公ではない。主人公は第四番目の意識であるところのアートマン*、本当の自己です。心はその本当の主人に対する臣下、家来、あるいは道具です。

だから甘やかしてはいけない。そうすれば本当に自由に遊べる。それがリーラー*。（新しい訪問者たちに）リーラーというのはヨーガが教えてくれる偉大な教えの一つです。万物が神の顕れであり、限定された時間ではあるけれども、本質であるところの神そのものが、ただこの世では遊び戯れているというものです」

公演『アムリタ*――不死――』が思い出されるヨーギーのお答えに、聖劇でシャクティ*（女神）役をしていた一人一人が思わず瞑想のシーンの台詞《せりふ》を言い始める。――感覚を心に、心を理性に、そして理性をアートマンに留め、真我に目覚める。オーム*の振動からすべてが生まれ、一《ひとつ》の命がさまざまに展開する――ヨーギーご自身そのような内容の瞑想も体験されたそうだ。

「本当に瞑想は神秘的だけれど、おもしろい」

ヨーギーは爽快に笑われ、幾人かの弟子は唸《うな》っている。

ヨーギー「さまざまな見えないものを見せてくれ、分からないものが分かるようになる。そしてこの身体から瞑想する心が飛び出していった時、それが宇宙と一つになっていたり、月にまで行ったり、何でもできるし、何でもある（笑）。そんなものは、まだまだ夢のような世界だけれど。でもそんな不思議な世界の向こうに真実が潜んでいる。みんなの学

びも瞑想も、すべては真実に目覚めるためだけにあります」

ブレント「ある人たちは、導いてくれる者がいない場合、独自に瞑想をするべきではない、または指示を受けずに瞑想をするべきではないと言います」

ヨーギー(きっぱりと)「はい。もうあなたは大丈夫です。正しい指導者の下に来ましたから」

ブレントは喜びを隠しきれない様子でさらに質問を続ける。

「ある者たちは救済を求め、ある者たちは悟りを達成しようとする。シュリー・マハーヨーギーは八正道*について説かれ、その教えに従って修行をすれば誰もが悟りに到達できると言われます。その状態に達成した者といまだ闘っている者の違いは何でしょうか」

ヨーギー「いったい救済されるのは誰か。それを真理と言うわけにはいきません。真理は救済など必要ないわけですから。救済が必要なのは心です。

心は常に幸福を求めています。そして人生の中で小さな幸福を見つけたならば、次にはその倍の幸福を想像するでしょう。これには限界がありません、やがて苦しみが彼の心を押し潰《つぶ》すまで。ここで彼は救済を求めます。

ヨーガは、あるいは真実は、幸福はそこにはない、本当は心のもっと奥に在る、ということを単純に教えているだけです。この世はすべての事柄が限界をもっています。しかし

心はそれを理解していない。これは無知という間違いです。この世で執着すべきものなんて何もないのだということを、真理は単純に教えます。もう一方で、救済を願う心はやがて真理を目指す。それは二度と壊れることのない永遠の至福を意味するから。その過程にある者は闘っている者といわれます。そして一切の真理を悟り得た者は、ただ在るだけです。その違いは外見上は誰も分かりません。あなたの隣にいる住人かもしれない（笑）。またその本人も知らないかもしれない。

一つここにヒントがあります。もし彼が真理に在るならば、もはや何ものにも動揺することはなく、一切の悩みが消え失せてしまったでしょう。さらにはもはや彼、あるいは彼女にはエゴというものが無いわけですから、その行為は慈悲として他者に奉仕されています。時々そのような出来事を見たり知ったりすれば、私たちは単純にその人に平伏するでしょう。

さあ、後はがんばろう！（皆大笑）

明日は中秋の名月。日本では昔から一年のうちでいちばん月が美しい時だといわれている。そして人々はお団子を供えて、しばし月を見て、月の美しさにうっとりとする時間をもっていました。

（新しい訪問者たちに）では、いい時を過ごしていってください」

皆一斉に礼拝する。力強く軽快な雰囲気のうちにサットサンガは終了した。

二〇〇五年九月十七日（土曜日）　京都

神の遊戯

ニューヨーク訪問のためヨーギーが日本を出発される直前——二〇〇五年最後の*サットサンガ（真理の集い）。遠方の弟子たちや初めての参加者など、*アーシュラマの二階は多くの訪問者で埋め尽くされた。

この日の前半は、微細な身体と*クンダリニー（通常は尾てい骨あたりの*ムーラーダーラ・チャクラにとぐろを巻いた蛇のような形で眠っている神的エネルギー）についての問答が展開していた。ヨーガにおいては熱の根源であり、巨大な力を有しているクンダリニーを活動させることによってより浄化を図り、見えない真理への到達を可能とする。

クンダリニーの上昇とその通り道である*スシュムナーの浄化には、地道な修行や学びを土台とし、さらに集中と*クンバカ（止息）によって生まれる熱を加えなければならない。また煩悩、執着を取り除くという心理的な浄化が重要な部分を占めており、神聖なる師の恩寵も不可欠であるという内容であった。

ヨーギーはさらに「真理の探求、実現への情熱——これが最も大事なもの」、とそれについて話を結ばれた。

生きる意義と自分探し

一カ月ほど前からヨーギーの下へ、娘の敬子さんと足繁く通う高橋さん。今日は大学受験を控えているという長男の宜靖《のりやす》君も一緒である。

高橋「息子を連れてきましたのは、今おっしゃいました真理への情熱がいちばん大切ということについて、少しでもこういう空気に触れてくれればと思ったからです。真理への情熱というものが二十歳ぐらいの青年に分かるような、別の言葉はありませんでしょうか」

ヨーギー「そうですね。これは誰もが一度ならず小さい時から感じたり考えたことがあることだと思いますけれども、自分は何のために生きているのかということです。それは一般的な話ですと、いい仕事に巡り合い、そしてその活躍が死ぬまで続くものと夢見るかもしれません。けれども今日《こんにち》のようにさまざまな社会構造も変化し、ましてや自分自身の健康や寿命というものに対しても明確なヴィジョンがあるわけではありません。明日とはいわず次の瞬間にも事故で身体を損ねたり失ったりすることがあるかもしれない。反対に仕事が成功して使い切れないほどの金を得たとしても、それで幸せを感じることができるのだろうか。

何のために生きるのかということは、結局は自分自身の人間存在が何なのかを問うこと

になります。もしも仕事がすべてだと思っているならば、それは仕事の奴隷にすぎないわけです。もし金がすべてだと思っているならば、それは金の奴隷になることです。もし権力を得ることがすべてだと思うならば、それは権力の奴隷になってしまうことです。

　本当の自分というのは何なのか――いちばん身近な私というこの自分自身が、誰にとっても最も大きな謎なのです。たとえ世の中のさまざまな出来事に心を奪われていても、その心の主人公はいったい何なのか――その真実を真理と名付けています。真理というのは真実のことにほかならない。この世の中に真実があるのかどうかを見渡してみればいい。また、古くから呼びならわされてきた言葉の一つ、神があります。では神というのはいったい何なのか――これもまた解き明かすべき命題の一つです。

　詰まるところ、誰にとって私とは誰なのか、何者なのかということ。そして真理というものが何なのか。本当の神とはどんな存在なのか。どんな事柄からでもいい、真剣にその問いかけを突き詰めていくならば、必ずこの三つのどれかに行き着くと思います。それはまだ出発点です。それからが本当の学び、自分が自分を見つけるために――。

（しばらくの沈黙）

これは古くから真我という本当の自分を見つけること、アートマン*の探求、あるいはブ*

ラフマンの探求としてヨーガの中心となっているものです。もう一方で、誰もが祝福された輝かしい存在でありながら自らを忘れてしまっている、それはなぜかということへの探求も行なわれてきました。

ブッダが教え諭したものとヨーガとは共通しています。この世においては病むことも、そしてやがては老いること、死ぬこと、これは必然である。これを逃れるものは何一つない。そしてそれを思う時、恐ろしい苦悩がやってくる。

それらの原因はいったい何なのか。もちろん生まれてきたからに違いない。生まれてきたからやがては死ぬということです。でも生まれるには生まれる原因があったに違いない。そのように分析を突き詰めていけば、そこにはこの世への執着というものが見つけられる。カルマ*と呼んでいますけれども、心に何らかの欲望、願望、さまざまな思いをもったならば、それが実現するまではその思いは消えないということです。その途中で命が果ててしまえば、その思いは残されて、来世というそれが果たせるような条件を調える、つまり肉体を与えられるという構造になっています。

それらのカルマがどうして生じたかということも大事なことです。これは真理を知らないでこの世界に永遠や至福を求めてしまうという過ち——無知——が根本原因となり、

百八、いやそれ以上の煩悩が生まれ、それらに執着し奴隷となってどんどんカルマを増やす。その揚げ句味わうのが苦痛であり、苦悩であるということになる。心は幸福を求めていたはずなのに、見かけ上の幸福はすぐに移ろい、醜い姿を現すことになります。

何のために生きるのかを問うことは、まさしく真剣に自分自身を問う作業です。これが真理というものにやがて到達する道筋になります」

高橋「ありがとうございました」

じっとヨーギーの話に耳を傾けていた宜靖君。力強い真理の言葉がアーシュラマを満たし、彼のみならず、そこにいる全員のハートを揺るがす。

ここで御聖誕祭（二〇〇五年十一月二十三日）の時に捧げたキールタン*（神と魂を結ぶ愛の歌）『ディーナ・ダヤーラー・ハリ』が、ヨーギーが渡米される前にもう一度という弟子たちの願いにより奉納される。

ヨーギーの正面に座る井上さんが詩の内容を朗唱する。

優しく慈愛に満ちたハリ　最も慈悲深いハリ
優雅で麗しいハリ　ゴーヴィンダ　ゴパーラ
甘く　心奪われる　クリシュナ　ゴパーラ
優雅で麗しいハリ　ゴーヴィンダ　ゴパーラ
海の主　山を支える力
ヴリンダーヴァン*に満ちる神の愛　ゴパーラ

❖ハリとは神を指し、ゴーヴィンダ、ゴパーラと同様にクリシュナ（神の化身）の異名である。

タブラなどの楽器のリズムに乗って、伸びやかで楽しげな歌声がアーシュラマに響き渡った。

マサ「世の中では悲惨なことが相次いで起こり年々バランスが崩れてきていますが、この宇宙が想念によって造りだされたものだとしたら、ヨーガを志す者としては、常に真理への思いを深めることが大きな力となるのではないでしょうか。一人の悟りを得た者が出た

ならば、それはこの地球の想念のバランスを調えるということになりますよね。だから特にヨーギーと出会った者たちというのは、そのあたりの意識を高めることが調和につながると理解してもいいのですか」

ヨーギー「その通りです。人を助けるにはさまざまな手立てが見つけられます。目の前で飢餓や空腹に困っている人を助けるにはパンを与えればいい。でも三日もしないうちにまた空腹が襲ってくる。その時にはまた与えなければいけない。食物の代わりに何が与えられるだろうか。例えば知識や技術、教育というものを与えることによって、その困難にある人は職業を見つけることができる。そうすれば何カ月、何年という糧を得ることにもつながる。でもそれは絶対安定というわけではない。

それ以上ないという至上の幸福を与えるものは霊的祝福になります。これは生涯のみならず、永遠の時をつないで不自由なく至福をもたらすことのできるものです。

世の中を見てもさまざまな救済のシーンを目にすることがあります。今もマサさんが言ったように緊急を要するものもあります。衣料品や食物など、寒さや飢えをしのぐためのさまざまな必需品もある。そして人知れずどこかの山奥や洞窟でヨーガの中にある者。インドにおいては実際に何千年もの間そのような様式が尊ばれてきました。そのような祝

福のバイブレーションは時を超えて千年も二千年も、あるいはもっと長い時を、人々の、いやこの宇宙のすべての生きとし生けるものの幸福のために、救済のために働いている。

願わくば、身近な目の前のできることを実際的に行為していくことができますように。そうして自らにおいては、よりヨーガの深み、あるいはヨーガの悟りに近づき、善き存在となりますように――。

いつも言うように、神はどこにどんな素晴らしい道具があるかはちゃんとご存知です。必要に応じて必要な道具は使われることになります、プロ職人でも道具の見分けができるのですから。一人一人が良き道具となるように自らを磨くことが、私たちのできることです。

栄光は道具にあるのではない。すべての栄光は神にあります。それがほかならない真我――誰もの本当の自己であり、真実です。真理と呼ぶものです」

再び静寂が訪れる。

この世は神の遊び戯れ

和田「舞台の上で役を演じているようにこの世界を生きなさいという教えについてですが、

初めは自分が辛い渦中にある時に、役を演じているんだと思えれば、客観的に自分のことを見られるのかなぁと解釈していたのですけれども。

ヨギさんは『神はただ楽しみたいだけ』とおっしゃっていて、自分が楽しい時は一緒に楽しめるのですが、辛い時とか悲しい時には神が楽しんでいるのだと言われても、いまひとつ理解できなくて。役を演じる時にどのような思いで演じたらいいのか分かりやすく説明していただきたいんですけれど」

ヨーギー「『人生は舞台』ということはよくいわれます。確かに演目が替わるごとに衣装や台詞《せりふ》は変わっても、そこにいるのは同じ一人の俳優、あるいは女優です。ちょうどそのように人生というのはさまざまな役柄をこなしていくようなもの。ある時は子供であって、ある時は学生、ある時は少女、ある時は恋人、ある時は父であり、母であり、その他さまざまな職業についてもある時は、ある時は（笑）……エトセトラです。でもそこにいるのは一人の人間。名前さえもその役に応じて替わります。

その本体はいったい何なのか。一個の人間といっても、その人間の正体は何なのか——これを探求すれば、アートマンとは何か、そして神とは何かというところまで問わなければいけない。

ヨーガが教えてくれるリーラー*――この世は神の遊び戯れである――というものは、小説家の言うようなレベルではありません。この世においては、さまざまな役割が振り分けられ、さまざまな物語が展開していく。それでもその本体はアートマンであり、神そのものである。なぜ完全無欠であり何の不自由もないはずのアートマンや神がそのようなさまざまな姿に顕れるのか、これこそがリーラーの秘訣であり、それは楽しむためだけです。心をもってすればこの世は複雑で、差別やさまざまな矛盾に満ちたものとして映るでしょう。それでもアートマンの目をもって見れば、すべての形から姿と名前を取り除いてみれば、そこにはアートマンだけが在ります。そして楽しむために遊び戯れている。これがリーラーです。リーラーの語源はきらめくもの。火花や光がチラチラッときらめく輝き――そのさまが語源です」

そしてヨーギーは微笑み、皆に問いかけられた。

ヨーギー（和田さんの方を向かれ）「楽しむってどういうことか分かる？」

和田「楽しむこと？　どういうこと？（悩んだように）えー、ヨギさんと一緒にいること（皆大笑）」

ヨーギー「仮にそうだとしたら、それだけで？」
宮武「我を忘れて夢中になるということですか」
ヨーギー「それはまだ趣味の領域ですね」
唸《うな》り声をあげる者もいれば笑いだす者もいる。皆、考え込んでいる様子。
高橋「何事においても執着を無くして行動することですか」
ヨーギー「うーん、それはちょっと的外れです（笑）」
和田「やっぱり神と一緒にいること」
ヨーギー「じゃあ、楽しみに近い別の言葉で言えば喜び——至福って何だと思う？」
和田「本質に戻ること？」
高木「自由になることですか」
ヨーギー「それも一つ。でもリーラーにおいて。
この世は本当にトリックですよ。トリックのようなもの。例えば輪廻転生がこの一日一日の目覚めと夢見を象徴しているように、楽しみも喜びも日常の中に隠れている。
みんながいちばん夢中になるものといえば、何？　我を忘れ、自由であり、執着を忘れさせるもの」

和田「ヨーガをやっていること(苦笑)」

ヨーギー（きっぱりと）「愛でしょう。愛する人の喜びを見る時、それが自らの喜び、楽しみではないの？　それに優《まさ》るものはないと思う。

ではどうしたら相手の喜びを見ることができる？　どうしたら？」

宮武「一つになること……、じゃないですか」

ヨーギー「そうじゃない。もっと具体的に」

アンビカー「その人が喜ぶように奉仕すること」

ヨーギー「その通りです。自らを捧げることです。簡単ですよ(笑)。

愛する者たちが互い互いにそのようにしてごらん。そうすれば、そこには至福だけがある。楽しみだけがある」

シャチー「奉仕する術《すべ》をもっていないと感じた時はどうしたらいいのでしょうか」

ヨーギー「もっていなくはない。誰だってあります。もっていないと嘆く必要はない。それは無知です」

髙木「ならばそのヒントはどこに隠されているのでしょうか」

ヨーギー「あらゆるところにそれはあると思うよ」

サーナンダ「ヨギさんが喜ばれるのは弟子が悟った時だというふうに言われましたけれども、それがグル*（師）に対して弟子が捧げることができるものなのでしょうか」

ヨーギー「そうです。悟りというのは何もしないでじっとしているという意味ではない。そこから生じるすべてのものへの奉仕、愛とか慈悲といわれるもの――それしかできなくなる。それがリーラーの本質です。奉仕すること、自らを捧げること」

サーナンダ「チャイタニヤ*の物語を少し読んだのですけれど、その中にゴーピー*（牧女）たちのクリシュナ*への愛というのは、クリシュナの幸福をただ求めているのだと。自分自身の幸福とか喜びをただの一片も求めていないけれども、歓喜がやってきてしまう。その歓喜はあまりにも大きくて、それを求めていなくてもやってきてしまうという」

　ヨーギーは深くうなずかれている。サーナンダは続ける、

「ラーダー*とクリシュナがヴリンダーヴァンの森で戯れた時、互いが感じた歓びというのは、ラーダーの方が数千倍強く、大きいものだと。クリシュナはその最も美しい自分の姿を自分の目で見ることができないから、ラーダーと同じ歓びを味わいたくて、何度も何度も生まれ変わって、バクタ*（神を信愛する者）とともに戯れるというくだりがありました」

ヨーギー「なんて甘美な――。

　そう、リーラーは甘美なるものというのを忘れていたね」

キンカラ「そうすれば神のリーラーというのは、神が誰よりも我々を愛してくださっているということ。愛というのが奉仕と同じ意味で、言葉を換えると、神が我々に対して奉仕という愛を与えてくださっているということになるのですね」

ヨーギー「はい、全くその通りです」

梅田「バクティ（神への信愛）を内的に深めて、*カルマ・ヨーガは外的に深めるということは、愛するがゆえに行為せざるを得ないというか、愛が深まれば深まるほど、行為も伴ってできてくるようになるということですか」

ヨーギー「ええ、そうなります」

宮武「姿形というのはいろいろですけれども、人に対して警戒心などはもたなくてもいいということですか。ひたすらその人の内なるアートマンを信じて接しなさいということですか」

ヨーギー「そうです。アートマンによってアートマンを見るというものです」

高橋「愛の感情とか奉仕の感情が虚ろといいますか、まだ生じない状況の中でも、カルマ・ヨーガを実行していくことが大切なのでしょうか」

ヨーギー「はい、それはとても大事です。カルマ・ヨーガも自らの義務、仕事であるとか、家族を養うことであるとか、あるいは社会への責任であるとか、これらは義務的な行為として、いわば消極的な部類に入ります。積極的なカルマ・ヨーガは、より他者のために奉仕の行為をしていくものです。だからできるだけ積極的なカルマ・ヨーガを努めていってください。

　そしてバクティ*・ヨーガを深めること。これも大事です。これは彼女が言ったように、両方は今のリーラーの本質からも見て取れるように、別のものではないのです。

　そうしてラージャ*・ヨーガ、ギャーナ*・ヨーガ、バクティ・ヨーガ、カルマ・ヨーガ、何々ヨーガ、何々ヨーガ……といろいろ呼んでいたものが、実はそんなのは単なる区分けの知識にすぎなくて、ヨーガという真実の一つの結晶として、間違いのない真実在がそこに在るということに気付くでしょう」

　アーシュラマの空間は、ヨーギーの愛深きまなざしに優しく包み込まれた。

自らを捧げ、ただ愛すること――リーラーの本質である純粋で気高い愛。

私たちは幸運にもこの日より以前に、ヨーギーから、より具体的にその愛の極致について学ぶ機会を得ていた――。

二〇〇五年十二月三日（土曜日）　京都

至上の愛

神を愛する五つの態度

サーナンダが*バクティ・ヨーガの実践方法について尋ね、ヨーギーはそれに対して次のように語られた。

ヨーギー「バクティ・ヨーガというのは別名、愛のヨーガです。愛というのは私たちに備わっている根本的な性質の一つです。エゴを主体にして愛が発散されると、それは奴隷的な愛に終わってしまう。けれどもエゴが無く、無心から生まれる愛は普遍的な真実の愛に近くなる。同じ愛でも自我を愛する愛と他者を愛する愛とでは大いに違ってくる。そこでバクティ・ヨーガでは、そのアプローチとしての愛の対象を見つけることを勧めています。ちょうど、この人間の世界におけるのと同様に、心が平安で満ち足りた状態、そんな時にはすべてのものが愛《いと》おしく、すべてのものの中に神が宿っているように感じるものです。これを*シャーンタといって平和な、平安な心の態度と呼びならわしています。

さらには自らが神を愛し、そして神からも自分を愛してほしい、その愛の交歓というものがより愛に満ち足りた至福を与えるように、神の喜ぶことを行為していく。いわば神を主と見なして自らを手足となるべく働く、そうして神に奉仕をする。そのようにしてより神と密接な交わりを楽しむ。もちろん、楽しみといってもこれは世俗的

な楽しみではありません。平安な気持ちや至福感、そういうものを味わい、より神の役に立ちたいという捧げる気持ちが増してきます。これがダースィヤ*――この言葉は奴隷とか、あるいは召し使い、使用人、そういった意味合いですけれども、決して封建的な意味ではありません。今も言った愛におけるそのような奉仕の立場のことをいっているわけです。

ここではまだ若干、主とその使用人という、やや遠慮気味な態度がありますけれど、もっと親しくなればこれはちょうど親友のような間柄になります。親友というのは、お互いの教養や身分、力が違っていても、何のわだかまりもなく親しめる。何の遠慮もない。兄弟や親子、あるいはさまざまな職場や社会においては目上だの目下だの、いろんな習慣がはびこっていて、その人間関係をぎこちなくさせていますが、親友というのはそういう垣根を飛び越えて、いろんな喜びや物事を分かち合う平等な関係です。そんな素朴な間柄で神と交わる、これがサキヤ*という友人のような間柄。

それから神を子供に見立てる愛があります。しかもそれはまだ幼子です。ちょうど母親が何もできない赤子の面倒を見るように乳を飲ませ、子供が望むものを与えてやるという無条件の献身がそこに見られます。それがこの世における尊い母の幼児に対する行ない、

愛の姿です。母親はその子供から何の見返りも求めることはないでしょう。ただその子が健やかに育ってくれることだけを祈って、そして慈《いつく》しんでいるはずです。そのような慈愛がそこにはあります。これは*ヴァーッツァリヤという名称で呼ばれています。

　そしてこの世の中で人の心を狂わせ一切を忘れさせる忘我の愛、あるいは狂気の愛とでもいうべき恋人同士、あるいは愛人同士の関係があります。おそらくこの世界の中で最も強烈で一切合切を焦がしてしまう、そんな力をもった愛の姿かもしれません。愛する人のためなら何であったとしても、たとえ命でさえも捧げてしまう。ただ愛のために愛する。その愛はあまりにも強烈すぎて、至福とも苦しみとも区別がつかないかもしれない。そこにあるのは愛、そしてその愛の姿を取った愛人……だけ……。バクティ・ヨーギーあるいは*バクタというのは、永遠の恋人である神をそのように慕い、恋い焦がれ、そして神に狂い、神と一つになります。無形の神が形を取ってバクタの前に顕れるのです。愛はそれ自身、最も高貴なものです。愛が純粋になればなるほど、それは想像を絶する力と命を吹き込むでしょう。その時初めて、神は愛であるということが悟られます。

　私たちが執着する世界のさまざまな出来事も、実は愛の小さな片鱗、あるいは少し歪められた姿であるのかもしれません。仏教の古い言葉では、愛というのは執着と同じ言葉な

のです。通常の人間的な心の恋愛はラーガ*、あるいはカーマ*と呼ばれたりします。これは共に欲望をも意味している言葉です。

しかしバクティにおける愛はプレーマ*と呼ばれ、純粋な至上の愛といわれています。誰もがそのプレーマの純粋な愛を備えています。そして心はその愛を基として、心を通過する時に少し色合いが変わったりするわけです。だから愛はそれ自身永遠ですから、人生におけるさまざまな愛の姿もそのプレーマの片鱗だと思って。それにはバクティを通してそのプレーマの、真実の愛と一つになるように思いを焦がせていってください。

愛においては何の勉強も修行もいりません（笑）。ただ愛すること、それだけで十分です。それだけがもっともっと大きく大きく育っていけばいいのです。

ヴィヴェーカーナンダ*は四つのヨーガを述べて、『その一つの道でもいい。また複数の道でもいい。それらによって真理を実現せよ』という有名な言葉を残しています。真理を学び、そして真実を実現するということにおいては、ラージャ*・ヨーガもバクティ・ヨーガもカルマ*・ヨーガもギャーナ*・ヨーガもみな同じことです。それぞれがダイナミックで積極的な内容をもっています。とりわけバクティ・ヨーガは愛という最も身近なものを唯一の内容としていますから、たいへん大きな力をもっているというふうにいえます。神、

もしくは真理、あるいは覚者への憧れ、愛。これがバクティ・ヨーガにおける悟りです」

クリシュナとラーダーの甘美な愛

サーナンダは確認するように再び問う、

「今言われた愛の五つの態度、それは誰もが今までに経験したことがあるのかもしれません。その愛を神に対して捧げていくということでよろしいのでしょうか」

ヨーギーは「はい」と答えられ、さらに続けられる。

「最後に五つのバクティの代表的な物語をお話ししておこうと思います。

*マドゥラといわれる愛人の愛は、*クリシュナという神の化身である青年と、彼が幼い頃過ごしていた*ヴリンダーヴァンという森での一人の*ゴーピー（牧女）との恋物語に強く残されています。

クリシュナは少年時代、青年時代をその森の牧場で養母ヤショーダーと多くの友人たちに囲まれ、無邪気に奔放に遊び回っていたそうです。彼は森の住人であるすべてのゴーピーたちから愛され、共に歌い踊って夜を明かすことがしばしばだったそうです。彼女たちの中で最もクリシュナを深く愛した女性が*ラーダーという名前のゴーピーでした。クリ

シュナとラーダーの間は急速に高まり、そしてその愛は熱く燃え上がります。しかしクリシュナは神の化身でしたし、しばしば他のゴーピーたちとも遊んでいました。その中のエピソードの一つは、クリシュナがラーダーの元から去って他の女性のところに行ってしまい、ラーダーの友人がそのことをそっと告げにくる。するとラーダーは大粒の泪を流して悲しむ様子を見せる。友人はラーダーに尋ねます、『彼女にクリシュナを取られたからそんなに悲しんでいるのですか』。するとラーダーはこう言いました、『いいえ、私は悲しくて泣いているのではありません。ただ彼女がクリシュナに献身する術《すべ》を知らないので、彼がお困りになると思うと、泪が溢れてくるのです』。

　ここには嫉妬も何もない。ただ愛ゆえにどのようにして愛する人に献身すべきか、奉仕すべきか、このことだけに心を痛めている愛人の姿があります。これは単なる伝説かもしれない。だけど愛についての教訓を多く含んでいます。

　クリシュナという神の化身を普遍の神に置き換えてもよろしい。アートマン*でもいい。またブラフマン*、真理に置き換えることも可能です。つまりクリシュナとラーダーのこの物語は、バクティ・ヨーガを教えながらもギャーナ・ヨーガ、ラージャ・ヨーガ、そしてカルマ・ヨーガの極致を、あるいは理想を教えているといえます。これは大いに学ぶべき

愛の物語だと思います。またこれらは詩の形で、また絵画などの形で多く表されていますから、そういうものでクリシュナとラーダーの甘美な愛の物語を偲《しの》んでみてください」

二〇〇〇年六月三日（土曜日）　京都

サットサンガ（京都アーシュラマ）

導きと祝福

昨年末からニューヨークを訪問されているヨーギー。滞在中三回目となる*サットサンガ（真理の集い）には、四十二人という多くの人が集まった。

初めに昨年十二月二十四日、弟子たちだけで行なわれた、京都でのサットサンガの模様が朗読された。

京都の*サンガ（弟子たちとその集い）は、昨年の公演『*アムリタ——不死——』以来、今までにないほど一つにまとまり、サンガとして、またその一人一人としても成長した。公演としての成功はもちろん、こうした各自の内面的な深まりこそが、ヨーギーから与えられた祝福であり、全力を尽くした者のみが得られる真の宝ではないだろうか。

アメリカは個人主義の国だが、ヨーガの中で真に一つになるには、個を深めながらも個を棄て、和をもちながらただ一つのものだけを見て進まなければならない。今回の朗読には、そういった体験を通して発せられた言葉を紹介することで、ニューヨークの弟子たちにインスピレーションを与え、弟子としての自覚をもって進んでいけるようにという願いが込められていた。

カマラークシーは抑揚に富んだ迫力のある朗読で参加者を引き込んでいった。そしてその間、ヨーギーは会場の一人一人を見つめておられた。その中には、ニューヨーク在住の

由美子さん、オークランドから駆けつけたプレームとアンジャリー、日本からの訪問者たちもいた。

宗教と真理

プレーム「先ほどの記録の中では日常生活での実践、そして本当の意味での交流について書かれていました。私たちはマハーヨーギーの弟子として、あなたに直接会う機会のない方々へヨーガを伝えていくために、真の強さを身に付けなければいけないと思います。日常生活の中でキリスト教の人、意識的には何も求めていない人たち、とさまざまな人に出会いますが、あなたが私たちに伝えるのと同じように、議論的にならず、個人的な意見を入れずに彼らに伝えるには、どうしていくべきですか。

ラマナ・マハリシ*のように、あなたは沈黙によって非常に雄弁に教えを伝えられていると思います。あなたのように明瞭に伝えていくためには、どのようにしてそれを育んでいったらよいのでしょうか」

ヨーギー「常に相手にとって善きことだけを思い、語り、そして行為することです。それはまた、かの『隣人を愛せよ』という教えとも共通しています。そして真理は一《ひとつ》です。そ

れは語らずとも沈黙の中で必ず伝わります。ですから、さまざまな相手とさまざまな状況において交流する場合、常に相手に善きことだけを思って行為してください、単純に。もちろんそれがスムーズにできるためには日頃の自らへの修練は欠かすことができません。

ブッダはかつて信仰をもてない、真理のことも分からないという粗野な男から質問を受けました。このような私がどのようにすればよいのでしょうかと。ブッダはこう答えたそうです。『もろもろの悪をなすことなかれ、さまざまな善をなせ』。

これはブッダのみならず、あらゆる聖者たちが教えるところです」

クリスティン「最近イスラム教の国に旅をしました。実はそこに住む予定でした。その時私はすでにあなたの教えを学んでいましたが、周りの人にはキリスト教徒だと言っていました。ヨーガをやっていると言う勇気もなく、またヨーガをどう説明していいか分かりませんでした。そのことに関して混乱しています。正直でなかったのが恥ずかしい。ヨーガと私の宗教に関して人にどう伝えていけばよいでしょうか」
ヨーギー「世界にはさまざまな宗教があります。しかしそれらの宗教の真理は異なると思いますか？ そうではない。真理は必ず一《ひとつ》のはずです。ただ呼び名が違うだけ。間違いは、

我が宗教だけが正しい、そして他は誤っていると見なすものです。

私たちの地球は一つです。宇宙も一つです。仮に真理を一つの山に例えるならば、それぞれがそれぞれの方角から頂上を目指すようなものです。その途中においては真の頂上は見えません。それはまだ宗教の完成ではないということを意味します。

ヨーガは、その頂上は一つであるということを知っています。それは真実の存在であり、本当は名前も形もないのです。けれども私たちすべてがその存在なのです。そこに宗教の違いなど何もありません。

アメリカ大陸を流れる河も、ヨーロッパを流れる河も、またアラブを流れる河もみな一つの海に入ります。その時、それぞれは自らの河を主張するでしょうか。ですから真理は一《ひとつ》のものであるということを固く信じてください。各宗教は争うのではなく調和すべきです。それはより自らを深めること、つまり不二の真理を悟ることによって実現すると思います。そのように信仰を厚くもってヨーガを、そしてキリスト教やイスラム教を語ってください」

アンジャリー「先ほどの記録には弟子の責任について書かれていました。それは互いに実

践を継続しヨーガを深めていくというような、つまりサンガとしての責任です。これについてどう深く理解していけばいいのでしょうか。

シュリー・マハーヨーギーを含めてすべての偉大な存在は、伝統や環境といった枠の外から出てきます。彼らはいつも独りで顕れ、形骸化した宗教や教理などを改められます。こういった私たちの最高の理想とする方々は、団体に属さずに独存されているということを考えると、修行の中でのその二つの違う考え方（団体としての責任感と独存）に対してどのように理解したらよいでしょうか」

ヨーギー「そうです。必ず偉大なる聖者は独り顕れています。それは歴史が証明しています。

『正法が衰え、非法がはびこる時、我は自らを顕す。善人を救い、悪人を滅ぼすため、正義の確立を目的として……』

これは皆さんもよくご存知の『*バガヴァッド・ギーター』の一節です。そしてそこには必ずその子供たちもやって来ます。それが弟子たち。弟子たちはその*グル（師）に従い、まさにその生きざまを生きるのです。それは弟子自らのためでもあり、またすべての人のため、万物のため、宇宙のため。これが宇宙の秩序というものです」

導きと祝福

男性Ａ「愛、慈悲を実践する時に、自分に身近な人、家族に対する愛や慈悲というのはとても強いと思います。でも時にはその身近な者たちへの愛の強さが、疎遠な、自分とは関係の浅い人たちをより遠ざけてしまいます。身近な人たちとそうでない人たち、この二つを同じにしていくにはどうしていけばいいのですか」

ヨーギー「家族と他者に差別を見ないようにしてください。

イエスがある信者の家で教えを垂れていた時、弟子の一人が女性を連れてきました。そして彼に母上が来られましたと言いました。イエスはその女性を見るやいなや、知らないと応えた。彼にとっては家族である母も他者である女性もみな同じだったのです。

もしあなたが家族や愛する人を他者と同じように愛することができれば、そして他者を自分の家族のように愛することができれば——そのように愛していってください」

男性Ｂ「シュリー・マハーヨーギー、同じような質問ですが、私には他の誰よりも多くの時間を共に過ごすビジネス・パートナーがいます。彼らはしばしば利己的で、欲張りで、私はずる賢い。彼らに対し愛と慈悲をもち、理解して付き合っていきたいと思う一方で、私は戦士にならなければいけません。つまり境界線を引いて、侵害されたと感じる時には正し

いと思うことを発言して自分を守らなければなりません。私のカルマ*（行為の因果作用）なのでしょうが、彼らは私の人生の中に複雑に入り込んでいます。何か叡智のお言葉をいただけないでしょうか」

ヨーギー「なかなか難しい問題ですね。しかしこの社会で暮らす人のほとんどが同様の問題を抱えていると思います。

すべての行為はカルマであるというのが真実です。そしてまたこの世に生まれてきた理由は、そのカルマを解消するという目的があります。もちろんヨーガはその専門コースです。ではヨーガを知らない人々はどのようにしているのかといえば、それは自然という経験によってカルマを解消し、また新たなカルマを積むということになります。つまり、さまざまな状況における交流が必要なことだと思いますが、適度にそれをコントロールしていくことが求められると思います。彼らもまた、自らのカルマを自らのやり方で経験しているのでしょう。

だからそのようなことはそれ以上気にしないで、自らを深めることだけを行なってください」

ヨーゲーシャ「現代においてはアーサナ*（体位法）にかけられる時間がとても少ないです。その限られた時間の中で強烈なアーサナの修行を確実に続けていくにはどうすればいいのでしょうか」
ヨーギー「一切の執着を放棄し、そしてヨーガの完成にのみ、つまり真理の実現にのみ心を満たす。これはもちろん仕事を何もしないという意味ではありませんよ（皆笑）。仕事は真面目にやらなければなりません、自らの身体を養うためにも。ヨーガの完成にはこの身体は大事な乗りものですから。それ以上執着する必要はありません。そうすれば一日の三分の一の時間はヨーガに費やすことができます。その中でアーサナも瞑想もプログラムされる」
ヨーゲーシャ「カルマ*・ヨーガ（行為のヨーガ）についてですが、カルマ・ヨーガをする時に何も考えないようにして行なう時もあるし、これは神への行為だと思ってやることも、神が私を通して行為していると考えることもあります。どのように考えるのが最善なのでしょうか」
ヨーギー「そのどちらでもいいです」

プラジュナー「瞑想している時に息を吐いていると心はより深く入っていくようですが、吸うとまた戻ってきてしまいます。戻らないようにするためのアドヴァイスをいただけますか」

ヨーギー「瞑想において呼吸はたいへん重要な関係をもっています。[*]ヨーギーたちは通常の呼吸作用ではなく、第四の呼吸というものがあることを発見しました。これは端的に言ってしまえば、無呼吸もしくはそれに近い呼吸の状態です。例えば皆さんは何かに集中をしていて、今、息をしていなかったということに気付いた経験があると思います。気付いた時には息が入ってきますね。そして集中が切れます。私たちのヨーガのアーサナも[*]プラーナーヤーマ（調気法）もまた瞑想も、すべてそのような呼吸作用の状態をつくり変えているといってもよいと思います。総合的にそれらの条件が調った時、瞑想はうまくいきます。今一つの方法は強烈な集中によって、力ずくでそういう状態がつくられるというものです。ですから瞑想の時に呼吸が入ってきて、集中が途切れそうになったら、今一度集中からやり直してください」

男性C「シュリー・マハーヨーギー、あなたは不動ということをまるで道具か形のあるも

ののように使われる感じがします。それはある意味で歓びの態度であろうと思うのです。私がこういった態度を取ると、しばらくすると怠惰に陥ります。どうか怠惰にならずに不動の状態を使いこなせる方法をお教えいただけますか」

ヨーギー「不動は平安、あるいは至福ともいわれます。決してこの肉体がじっとしているという意味ではありません。それは心の問題です。

私たちの心はカルマ、そして煩悩という執着によって常にかき乱されています。あまりにもそれを何生涯にも経験しているから、それが当たり前だと思っているかもしれない。その経験の中では喜びもあるでしょう。しかし苦しみも悲しみもある。それらの原因は何か——それが心の執着。真理は単純にこういいます。それは本当のあなたではない。本当のあなたは永遠に不動で平安で至福に満ちた存在である。

私たちがヨーガを学び、少しばかりの修練をしているのなら、つかの間の短い時間であったとしても、その平安をみな味わっているはずです。ですからさらに学びを深め、修練を積んでください。きっと、不動や至福はあなたの中から湧き上がってくるでしょう。そしてそれが本当の私だと気付くに違いない」

男性Ｄ「ヨーガのことは全く知りません。最近父の死を体験し、そのことが自分の中でうまく解決されていません。こういう経験をする時は一人になるか、もしくは一緒に育ったペットとそれらを越えていきます。でも多くの怒りや、母もまた同じように死んでしまうのではないかという心配が込み上げてきます。ニューヨークに住んでいるのでどうしても独りきりになる機会がもてません。何とかこの状況から抜けようとしているのですが、すべてに対して、また誰もに対して怒りがどんどん込み上げてくるのです」

ヨーギー「何を怒っているの？」

男性Ｄ「分からないです」

ヨーギー「生まれたものはいずれみな死にます。これに怒りをもっても仕方のないことです。そして安心してください。人はこの人生を終わった後、さらに次の人生を生きることになっていますから。そのようにして人は輪廻を繰り返しているのです。何のためにそのことが行なわれているのか――それは自らが蒔いた種を摘み取るため。これはカルマの法則です。そしてもう一つ、別の生き方をする人がいます。これはそのようなカルマに縛られた生き方というのは全く自由がない、自立していないということに気付き、それを脱出しようとする人たちです。ここからいわゆる霊的な探求が始まります。この教えとその方

法がヨーガなのです。学んでいけば死は恐れることのないものとなります。怒りすらも起こりません。

あなたの怒りを解決する方法は、真理を学ぶことです」

この時のヨーギーは、まるでブッダが一人の若者に教えを説かれているかのようだった。最前列に座っていたこの男性に、ヨーギーはまるで子を抱擁する母のように、この上なく慈悲深いまなざしを注がれた。彼の目を真っすぐに見つめ、優しい口調でありながらもきっぱりと力強く真理を語られた。ブッダの前にはすべての聖霊たちでさえもひざまずいたそうだが、まさに然り。すべての生きものが新しい命を与えられ、祝福の中、素晴らしい調べを奏でているかのようだった。


ここで、遅れて到着したサハジャがヨーギーに質問する。

「シュリー・マハーヨーギー、初めてお会いしたのは七年前です。その時のことはよく覚えています。私は『あなたは私の師ではないと思います。でもあなたは私の師を見つけることができると思う』と、そして『助けていただけますか』と言いました。あなたは無言でした。そしてあなたを見た時にお姿が変わっていきました。最初に野獣のようなものが

見え、数秒後にキリストのイメージを見ました。その後あなたを見ることができず、目をそらしました。そしてもう一度見上げて『私の師になっていただけますか』と言いました。再度あなたは無言でした。するとまたお姿が変わり、ただ金色の円が宙に浮いているのが見えました。私はまた目をそらしました。それから再び見上げ、『どうしたらいいのですか』とお聞きしました。あなたはおっしゃいました。『あなたが見つけた愛をもって、家族の元にお帰り。仕事に戻り、やりすぎるのでもなく、怠ることなくただ淡々とこなしていきなさい。そしてまた時々会いに来なさい』と。

　七年経ってしまいましたが、またお会いしに来ました。仕事も家庭も大変でした。そして家を出る決心をしました。二人の息子がいますが、どうすればいいのでしょうか」

　笑みを浮かべながら聞いておられたヨーギーが突然真剣な表情となり、サハジャを凝視された。サハジャは真っすぐにヨーギーの目を見つめ続け、しばらくの沈黙が訪れる。

　その沈黙を破り、ヨーギーは厳粛に、そしてはっきりと言われた。

「カルマは果たされました。※これからカルマを超えたヨーガを本格的に修行すべきです」

　そしてヨーギーのサハジャへの長いダルシャン*（祝福）が続く。このような強烈なダルシャンが公の場で与えられたのは、初めてのことかもしれない。緊迫感が高まる中、神聖

な波動がその空間を包み込んだ。そこにいる者たちすべてが息を飲み、その場はまるで凍りついたかのようだった。

　高揚した顔でサハジャは合掌し、しばらくの間そのまま姿勢を正して目をつぶっていた。

クリスティン「『ヨーガの福音』*の中で神への愛は狂おしいまでに昇華すると書かれてありましたが、そのことについてお話しください」

ヨーギー「ある聖者は言いました。『この世は気狂い病院である。あなたも私も狂っている。でも私の狂いはちょっとマシである。神しか見えないのだから』。そうなってください」

アリ「私も七年前にシカゴでのサットサンガであなたにお会いしました。その頃、多くの恐れを感じていて、その恐れをどうしたらよいでしょうと質問しました。あなたの答えは人々を助けてあげなさいというものでした。それをずっと実践してきました。今は恐れをそれほど感じていません。あなたがこちらに来られると聞いて、お会いすることがとても大切だと思いました。私はもっともっと人を助けることができるならと思っていますが、何か指示をいただけると嬉しいです」

ヨーギー（優しく彼女を見つめられ）「まずはよかったねと言いたい。

できることを身近なところから広げていってください。そしてさらにそれを実現するためには、常に瞑想を行なってください。それだけでいいですよ」

彼女の目からは涙が溢れていた。

ヨーギー「今日はとてもいいサットサンガでした。

本日はもう時間がきてしまいました。また二週間後に皆さんとお会いしたいと思います。どうもありがとう」

終始、気迫に満ちたサットサンガだった。この場にいた誰もが、理性では到底理解することのできない、いまだ見たことも体験したこともないような五感を超えた何かを、ヨーギーから強烈に感じたに違いない。

「ジャイ！[*] サットグル・シュリー・マハーヨーギー・パラマハンサ　キ・ジャイ！

オーム・タット・サット！[*]」

二〇〇六年二月三日（金曜日）　ニューヨーク

※この翌日、サハジャに対して言われた「カルマは果たされた」ということの意味についてヨーギーにお聞きした。「それはあくまでも彼のこの状況においてのカルマという意味。彼がこれから真にヨーガを実践していくか否かにかかっている。そうでなければ、眠っているカルマはまた力をつけて噴き出してくる」。このお答えに、ヨーギーが一人一人の弟子を、いかに真理へ近づくことができるようにインスパイアされているかを、改めて感じずにはいられなかった。

この尊い真実の教えが
わが身のすみずみを満たし
すべての呼吸　想い　行ないが
尽きせぬ感謝と歓びとともに
あなたの御足下に捧げられますように

兄弟弟子たちによって設立された僧団。

ラマナ・マハリシ（1879–1950）
Ramaṇa Maharṣi
近代インドの覚者。17歳の時、突如として訪れた死の体験を通じて真我を悟る。以後、南インド・アルナーチャラ山にて真我に留まり続け、多くの求道者たちを真実へと導いた。

リーラー līlā
この世界は一なる神の遊び戯れであるという真理を表す言葉。心が主人であると誤解し、利己的な思いをもって世界に執着すれば、そこで苦を味わうことになる。しかし、その幻影（マーヤー）を破り、真我を悟った境地から見れば、この世界万物は、愛そのものである一なる神がさまざまな姿を取って顕れ、純粋に自ら遊び戯れているにほかならない。

への愛と永遠普遍の真理は、洋の東西や宗教の違いを超えて、人々を神の渇仰《かつごう》へと駆り立てた。

『ヨーガの福音』
"The Universal Gospel of Yoga"
サットグル・シュリー・マハーヨーギー・パラマハンサのインスパイアに満ちた教えを、真実の実現に向けて編集した実践的福音書。
（日本語版は1999年京都より、英語版は2000年ニューヨークのマハーヨーギー・ヨーガ・ミッションより出版された）

ヨーギー Yogī
◆原形：Yogin（ヨーギン）
ヨーガ（悟り）を成就した人。また、実践の途上にあるヨーガ行者をも意味する。

ラ行

ラーガ rāga
貪欲。

ラージャ・ヨーガ Rāja Yoga
王道のヨーガ。プラーナ（気）を制御し、瞑想により心の作用を止滅し、真の主を悟る道。

ラーダー Rādhā
クリシュナ神の愛人。

ラーマクリシュナ・パラマハンサ，シュリー（1836–1886）
Rāmakṛṣṇa Paramahaṃsa, Śrī
近代インドの大覚者。幼少より神への熱情を抱き、たびたびサマーディ（三昧）に没入した。コルカタ（旧カルカッタ）北部ドッキネッショル寺院にて女神カーリーを見神し、その後もすべてのヨーガを実践して不二一元の真実を悟る。さらにイスラム教やキリスト教の真理をも悟った彼は、万教が一なる真実に向かう多様な道であることを説いた。

ラーマクリシュナ・ミッション
Rāmakṛṣṇa Mission
シュリー・ラーマクリシュナが説いた真理を人々に伝え、多様な宗教の内に永遠不滅の一なる真理があることを知らしめることを使命として、愛弟子スワーミー・ヴィヴェーカーナンダと

ボーディ・サットヴァ
bodhi sattva
菩薩。真実の悟りを目指し、一切万物の救済を願う修行者。自分一人の解脱を求めるのではなく、この世界において他者の救済を望む慈悲心を抱き、自己犠牲の道を歩む。

ボーディ・ダルマ
Bodhi Dharma
達磨大師。禅宗の始祖。

マ行

マーヤー māyā
神の幻影。ただ一つの実在（ブラフマン）のみが在るという一元的真理を覆い隠し、あたかも二元的なこの世界が実在するように見せる不可思議な神の力。

マドゥラ madhura
愛人。神への五つの信仰態度の一つ。人の心を狂わせ一切を忘れさせる、最も強い恋人同士の愛の感情を神に捧げる態度。神を愛人として愛し、自らのすべて、命さえも捧げてしまう最も激しく純粋な愛。

マニプーラ・チャクラ
maṇipūra cakra
へその部位にあるチャクラ。

マントラ・ヨーガ Mantra Yoga
真言（マントラ）を唱えることにより心を静める方法。

ムーラーダーラ・チャクラ
mūlādhāra cakra
尾てい骨の部位にある根源のチャクラ。

ヤ行

ヨーガーナンダ, パラマハンサ
（1893–1952）
Yogānanda, Paramahaṃsa
ヨーガの普遍的真理を西洋にもたらした近代インドの聖者。師シュリー・ユクテーシュワラの下で薫陶を受けた彼は、神人ババジの命により、1920年アメリカに渡りヨーガの福音を述べ伝える。彼が示した純粋なる神

プラーナ（ヴァーユとしての）
prāṇa
プラーナ（気）は身体の中で五つの機能に分かれるが、その中で鼻から心臓の間で働き、呼吸機能を司るものもまたプラーナと呼ばれる。

プラーナーヤーマ prāṇāyāma
調気法。生命現象一切の原動力であるプラーナ（気）を制御することで、心の制御を図るヨーガの実践法。微細な身体を浄化し、心を瞑想に適合させる。中世、ハタ・ヨーガあるいはクンダリニー・ヨーガにおいてこの行法が重要視され、スシュムナー・ナーディーを浄化し、その底部に眠る強大なプラーナ、クンダリニーを目覚めさせて最頂部の絶対神と合一させる密教的実践が確立するに至った。

プラティヤーハーラ
pratyāhāra
制感。五感が外界の対象に結びつかないように引き戻し、制御する実践法。ラージャ・ヨーガが説く実修の一つ。

『プラナヴァ・サーラ』
Praṇava Sāra
1996−98年、ニューヨークの人々の心に霊的感動をもたらしたシュリー・マハーヨーギー・パラマハンサのダルシャン―― 聖なる一瞥《いちべつ》と、プラナヴァ ―― 真理の言葉の精髄を記録した福音書。師から弟子への対機説法の様子が臨場感溢れる筆致で見事に描かれている。

ブラフマン brahman
宇宙の根本原理であり、絶対的実在を意味する。「梵《ぼん》」と音写される。ヴェーダーンタ哲学では、世界は永遠不変の実在ではなく、万物の本質・根源であるブラフマンのみが不滅の実在であると教える。

プレーマ prema
◆原形：preman（プレーマン）
至上の愛。自らのすべてを神に捧げきった際に発現される、最も高貴で純粋な愛。バクティ・ヨーガにおける究極的な愛の姿。

ハタ・ヨーガ Haṭha Yoga
ラージャ・ヨーガへの階梯《かいてい》として位置付けられており、主に身体的修練を中心としたヨーガ。アーサナ（体位法）、プラーナーヤーマ（調気法）、ムドラー（結印法）、ラージャ・ヨーガ（三昧）より成る。

八正道
ブッダが説いた、苦を滅ぼし、涅槃《ねはん》を実現するための八つの正しい実践法。正見・正思・正語・正業・正命・正精進・正念・正定を指す。まず、真理を学び、それに基づいた正しい見方をしなければならない。それによって正しい思いをもつことができるようになり、思いに根ざす言葉や行為も正され、生活全体が真理を礎《いしずえ》とした正しいものとなる。その上で、正しい努力によって常に心を静め、真理を深く心に留め、正しく念を保つことで、正しい三昧の境地が実現する。この三昧によって煩悩や業が滅び、それらを原因とする一切の苦が滅びることとなる。

パラマハンサ paramahaṃsa
大聖者の敬称。ハンサは白鳥、パラマハンサは至高の白鳥を意味する。白鳥は、ミルクと水を混ぜてもミルクのみを飲み干すことができることから、世俗にあっても真理のみを見る聖者の呼び名となった。

『パラマハンサ』 Paramahaṃsa
マハーヨーギー・ヨーガ・ミッションが発刊する隔月誌。シュリー・マハーヨーギーの教えや弟子たちの歩みが掲載されている。

バラモン brāhmaṇa
インドのカースト制度において最高位を占める司祭階級、あるいはその階級に属する世襲祭官たち。

プラーナ prāṇa
プラーナ（気）は、この世界を支える根本エネルギーであり、身体にあっては生命エネルギーを指す。身体の物理的活動のみならず、心の活動もまたプラーナによって生じる。

れた偉大なるバクタ（神の愛人）。溢れ出る主クリシュナへの情感そのままに歌い踊り、神へのバクティ（愛）を熱狂的に説き示した。バクティ・ヨーガの深化に莫大な影響を与え、神の化身として今も信仰されている。

チャクラ cakra
スシュムナー・ナーディーの内部にあるセンターのようなもので、代表的には七つある。下から、ムーラーダーラ（尾てい骨の部位）、スヴァーディッシュターナ（性器の部位）、マニプーラ（へその部位）、アナーハタ（心臓の部位）、ヴィシュッダ（のどの部位）、アーギャー（眉間の部位）、サハスラーラ（頭頂の部位）。

ナ行

ナーディー nāḍī
プラーナ（気）が流れる脈管。

ニルヴァーナ nirvāna
涅槃《ねはん》。悟りの境地。ろうそくの火が消えるように自我（エゴ意識）が消滅した境地。

ニルヴィカルパ・サマーディ nirvikalpa samādhi
無分別三昧。心が消滅し、絶対不滅の存在・意識が実現する悟りの境地。

ハ行

『バガヴァッド・ギーター』 Bhagavad-Gītā
大叙事詩『マハーバーラタ』に挿入されている「神の詩《うた》」と呼ばれる聖典。神の化身クリシュナが武将アルジュナに説き聞かせるかたちで真理とヨーガの道を教えている。

バクタ bhakta
神を信愛する者。

バクティ・ヨーガ Bhakti Yoga
信愛のヨーガ。神への狂おしいまでの愛と献身により、愛そのものである神との合一を果たすヨーガの道。

と同一視されることもある。

スークシュマ sūkṣma
微細、精妙を意味する。粗大な肉体に対して、心などで構成される精妙な身体はスークシュマ・シャリーラ（微細身）と呼ばれ、輪廻転生の主体となる。

スーフィーブックス
マハーヨーギー・ヨーガ・ミッションがニューヨークにおいてラージャ・ヨーガクラスを開催していた会場名。

スシュムナー suṣumnā
プラーナ（気）はナーディー（気道）を巡り身体を維持しているが、最も重要なナーディーが脊柱の中央にあるスシュムナー・ナーディーである。ヨーガの実践を通じてスシュムナーは浄化され、クンダリニーが目覚める。

タ行

ダースィヤ dāsya
神への五つの信仰態度の一つ。神を主と見なし、誠心誠意奉仕することによって神へと近づく態度。

タパス tapas
苦行。ヨーガの修練においてはエゴ意識との闘いが生じるが、その時に発生する熱をタパスと呼ぶ。エゴにとっては苦痛として感じられることもあるため苦行と訳されるが、肉体的な苦行を意味するわけではない。

ダルシャン darśan
◆サンスクリットでは darśana（ダルシャナ）
祝福、恩寵。字義は「接見」。人は聖者の一瞥《いちべつ》を受けることによって救われるとされる。弟子はグル（師）のダルシャンによって、速《すみ》やかに霊的成長が促進される。

ダルマ dharma
真理、宗教、正義、義務などさまざまな意味がある。

チャイタニヤ（1486–1533）
Caitanya
中世インドのベンガルに生ま

者たちが集い、祝福と教えを授かる聖なる集い。

サット・チット・アーナンダ Saccidānanda/Sat-Cit-Ānanda
「実在・意識・至福」を意味し、真実在ブラフマンの本性を表す言葉。

サハスラーラ・チャクラ sahasrāra cakra
頭頂の部位にあるチャクラ。千の花弁をもつ蓮華で表される。

サマーディ samādhi
三昧。心が集中の対象に没入し、完全に対象と合一した状態を指す。サマーディにおいては、対象の本質が悟られる。

サマーナ samāna
プラーナ(気)は身体の中で五つの機能に分かれ、サマーナは心臓からへその間で働き、消化機能を司る。

サンガ saṃgha
修行者の集まり。

サンスカーラ saṃskāra
この世界で経験するあらゆる事柄は心に何らかの印象を残し、その内容に応じた結果(カルマ)をもたらす。この潜在的な残存印象をいう。

シャーンタ śānta
心が平安で満ち足りた状態。

シャーンティ śānti
平安。

ジャイ・サットグル・シュリー・マハーヨーギー・パラマハンサ・キ Jai Sadguru Śrī Mahāyogī Paramahaṃsa ki ◆ヒンディー語
師を讃え、帰依を表す言葉。「ジャイ」は勝利・栄光、「サット」は真実、「グル」は師、「シュリー」は敬称、「マハーヨーギー」は偉大なヨーギー、「パラマハンサ」は大聖者の称号を意味する。

シャクティ śakti
この宇宙を支える神的エネルギーとしての女神の意味を有する。人体にあっては性エネルギーとされ、クンダリニー

クンダリニー（女神）を覚醒させ、サハスラーラ・チャクラに坐すシヴァ神（ブラフマン）と合一させることによって悟りを実現するヨーガの道。ハタ・ヨーガを主体に行なわれる。

クンバカ kumbhaka
保息、止息を意味する。主にプラーナーヤーマ（調気法）の中で行なわれるが、深い瞑想の中では自動的に生じることもある。

ケーヴ
ニューヨークのマハーヨーギー・ヨーガ・ミッションの拠点となっているアパートの一室。真っ白な壁に包まれた部屋は、小さな聖なる洞窟（ケーヴ）を彷彿とさせる。シュリー・マハーヨーギーがニューヨークを訪問された際は、ケーヴに滞在される。多くのサットサンガが行なわれ、幾多の物語が生まれた。

ゴーピー gopī
牛飼い娘たち。少年時代のクリシュナとゴーピーたちとの間で織りなされた甘美なる愛の物語は、バクティ・ヨーガにおける至高の神の愛を表現している。

サ行

サーダナ sādhana
ヨーガの修行、修練。主にアーサナ（坐法）やプラーナーヤーマ（調気法）、瞑想など日々実践する修練を指す。

サキヤ sakhya
神への五つの信仰態度の一つ。あらゆる感情や物事を無条件に分かち合うような、親友同士の平等な関係で神と交わる態度。

サットヴァ sattva
三つのグナ（性質）の一つであり、軽さ・快さを本質とし、照明の性質をもつ。

サットヴィック
「サットヴァの性質をもった」という意味。

サットサンガ satsaṃgha
真実を実現した聖者の下に求道

ギャーナ・ヨーガ Jñāna Yoga
知のヨーガ。真実在（真我）と非実在（世界）を徹底して識別し、真我を悟るヨーガの道。

グナ guṇa
サーンキヤ哲学によれば、宇宙の一切万物は三つの性質であるサットヴァ（純質）、ラジャス（激質）、タマス（暗質）で構成される。この性質をグナという。サットヴァは軽さ・快さを本質とし、照明の性質をもつ。ラジャスは刺激・不快を本質とし、活動の性質をもつ。タマスは鈍さ・重さを本質とし、覆い隠す停滞の性質をもつ。これらのグナの均衡が崩れることによって宇宙は常に不安定で変化していくことになる。そして、人間の心の性質も三つのグナの影響で絶えず変化していく。ヨーガの修練は、心身をサットヴァな状態にする。

クリシュナ Kṛṣṇa
古代インドに実在した神の化身。聖典『バガヴァッド・ギーター』において彼が説いたヨーガの教えと、ヴリンダーヴァンで交わした甘美なる愛の物語によって、今もインドで最も愛されている神である。

クリヤー・ヨーガ Kriyā Yoga
実行のヨーガ。タパス（苦行、修練）、スヴァーディヤーヤ（真理の学び）、イーシュヴァラ・プラニダーナ（神聖な存在への集中）の三つを内容とする。

グル guru
師。字義は「闇を照らす光」。ヨーガを成就するためには、グルの導きが不可欠であるといわれている。「サットグル」は、悟りを啓いた真実の師を意味する。

クンダリニー kuṇḍalinī
ヨーガの生理学では、脊柱の中央にあるスシュムナー・ナーディーの底部に無尽蔵の神的エネルギーが眠っているとされ、それがクンダリニーと呼ばれている。

クンダリニー・ヨーガ
Kuṇḍalinī Yoga

る振動・胎動を意味する。「A」「U」「M」の三つの音で構成される。

オーム・タット・サット
Oṃ Tat Sat
「神は真実在なり」という意味であり、「オーム」は神、「タット」はそれ、「サット」は実在を表す。

カ行

カーマ kāma
欲望。

戒律
ヨーガ行者にとっての戒律とは、他者に対して行為・言葉・想念の制御をなすヤマ（禁戒）と、自らに対して行為・言葉・想念における精進を行なうニヤマ（勧戒）を指す。
根本教典『ヨーガ・スートラ』によると、ヤマとはアヒンサー（非暴力）、サティヤ（正直）、アステーヤ（不盗）、ブラフマチャリヤ（純潔）、アパリグラハ（不貪）であり、ニヤマとはシャウチャ（清浄）、サントーシャ（知足）、タパス（苦行）、スヴァーディヤーヤ（聖典の学習）、イーシュヴァラ・プラニダーナ（神への専心）である。なお、ヤマにおけるタパスとは、心身を極度に痛めつける難行ではなく、心身におけるあらゆる二元的状況を克服することを意味する。

カルマ karma
行為（業）とそれによってもたらされる結果（業報《ごうほう》）を意味する。利己的な悪しき行為は苦という結果を生み、非利己的な善き行為は楽の結果を生む。それゆえ、本来の意味である行為とともに、その結果と、さらには作用・反作用、因果応報の真理をも含んでいる。

カルマ・ヨーガ Karma Yoga
行為のヨーガ。結果に執着せず、自らの義務を果たし、他者への献身奉仕によって、至聖（神）に至るヨーガの道。

キールタン kīrtan
神と魂を結ぶ愛の歌。

ヴェーダ Veda

神々への讃歌や祭詞の集成であるインド最古の聖典群。ヴェーダとは「智慧」を意味し、その言葉は、聖仙（リシ）たちが霊感によって直接に感得した神の啓示として信仰された。

ヴェーダーンタ Vedānta

ヴェーダ聖典の最終部分をなし、その究極的真理が説かれる聖典ウパニシャッドを指す。

時代が下ると、このウパニシャッドに加え、聖典『バガヴァッド・ギーター』と『ブラフマ・スートラ』がヴェーダの究極（ヴェーダーンタ）と見なされ、それらの教えに基づいたヴェーダーンタ哲学が生まれた。ヴェーダーンタ哲学はインド六派哲学の一つであり、インド最大の哲学者といわれるシャンカラなどの活躍により、以後現代に至るまでインド思想の主流をなすこととなった。

ウダーナ udāna

プラーナ（気）は身体の中で五つの機能に分かれ、ウダーナは鼻から頭頂までで働く上昇機能を司り、肉体が死ぬ時と深い瞑想の中でのみ働く。

ウパニシャッド Upaniṣad

奥義書。語源的には師の近くに弟子が坐し、師から直接伝授される真智を意味する。紀元前700年から紀元後200年頃に編纂された古代ウパニシャッドは、「ブラフマン（真実在）とアートマン（真我）は一《ひとつ》であり（梵我一如）、それこそが万物の本質にほかならない」という普遍的真理を説く。またそれを実現する道としてヨーガを歴史上初めて開示した。今日のヨーガはウパニシャッド哲学の真髄を包含した実践的な道となっている。

ヴリンダーヴァン Vṛndāvan

◆サンスクリットではVṛndāvana（ヴリンダーヴァナ）

クリシュナ（神の化身）とゴーピー（牧女）たちの神の愛の物語が生まれたインドの地名。

オーム oṃ

真実在ブラフマンあるいは神を表す聖音。また宇宙の根源とな

イシュタ iṣṭa
理想神。神の信者それぞれの性質に最も合致し、理想となる神的な存在。

五つの鞘《さや》
人間は、食物の鞘（肉体）、生気の鞘（プラーナ体）、精神の鞘（想念体）、知性の鞘（知識体）、至福の鞘（福楽体）の五つの鞘で構成されるという教えで、これを五蔵説という。真実の自己、アートマンはさらにその奥に在る。

インダ（インドラ） indha (indra)
インドの神々の一柱。日本では帝釈天《たいしゃくてん》として知られる。

ヴァーッツァリヤ vātsalya
神への五つの信仰態度の一つ。母親が幼い我が子に愛情を捧げるように神を愛する態度。

ヴァーユ vāyu
プラーナ（気）は体内においてはヴァーユ（風）とも呼ばれ、五つの機能に分かれる。それぞれプラーナ（呼吸機能）、サマーナ（消化機能）、アパーナ（排泄機能）、ヴィヤーナ（全身機能）、ウダーナ（上昇機能）と呼ばれ、各機能を司る。

ヴィヴェーカーナンダ，スワーミー（1863–1902）
Vivekānanda, Swāmī/Svāmī
シュリー・ラーマクリシュナの愛弟子であり、ヨーガの普遍的真理を世界にもたらした偉大なる聖者。師によって授けられた「一切万物は神ご自身の顕れである」という真理の教えを、師の入滅後、僧となりインド全土を遊行する中で体得する。そこで目の当たりにした人々の苦しみを救うため、そして世界に普遍的真理をもたらすために、1893年シカゴで開催された万国宗教会議に出席。その力強い福音は国・民族・宗教を超えて多くの人々を鼓舞し、真実へと目覚めさせた。

ヴィヤーナ vyāna
プラーナ（気）は身体の中で五つの機能に分かれ、ヴィヤーナは足先から頭頂までの全身機能を司る。

用語解説

カタカナとアルファベットで表記された言葉は基本的に古典サンスクリット語である。しかし、ヒンディー語など現代インドの言語で表されることが一般的な語はその言語での表記を行ない、古典サンスクリット語の表記も同時に示してある。

ア行

アーサナ āsana
本来は瞑想における坐法を意味し、シッダ・アーサナ（達人坐）とパドマ・アーサナ（蓮華坐）が最も重要とされる。中世、ハタ・ヨーガにおいてその内容が拡大され、さまざまな体位を取ることによって、強靱な身体をつくり、呼吸を変化させ、心を平静に導く重要な実修として確立された。

アーシュラマ āśrama
聖者が住まいとする庵。修行者のための修道場でもある。

アートマン ātman
真我、真実の自己。人の本性は、自我（エゴ意識）を超えた絶対の存在であり、純粋な意識である。

アヴァターラ avatāra
神の化身。本来は非人格的な無形の神が、人々の救済のために人の姿を取って地上に顕れた存在。

アパーナ apāna
プラーナ（気）は身体の中で五つの機能に分かれる。アパーナはへそから肛門の間で働き、主に排泄と生殖の両機能を司る。

アムリタ――不死―― Amṛta
マハーヨーギー・ヨーガ・ミッション主催で2005年7月17日に京都で開催された公演名。聖典『カタ・ウパニシャッド』をモティーフとした聖劇とヨーガの真髄――アーサナ、質疑応答で構成された。

イーシュヴァラ īśvara
真実そのものを純粋に具現化した人格神を意味する。

献辞

本書発刊にあたり、この機会を我々に与えてくださり、御自ら献身的に企画、編集、装幀デザインすべてを監修された師、シュリー・マハーヨーギー・パラマハンサに深く感謝を捧げます。

そして、師の貴重な教えを忠実に記録し、翻訳に努めたニューヨーク・マハーヨーギー・ヨーガ・ミッションのアーナンダマーリー、サンスクリット語を中心とする用語解説に力を注いだサナータナ、装幀デザインしたアートマンのシャチー、記録、編集、校正作業にかかわった多くの兄弟姉妹弟子に謝意を表します。

また、多くのご協力をいただいた江利川憲氏、出版を快く承諾してくださった東方出版の今東成人氏、および関係者の方々に心よりお礼を申し上げます。

マハーヨーギー・ヨーガ・ミッション編集部

マハーヨーギー・アーシュラマ

マハーヨーギー・ヨーガ・ミッション刊行物

DVD "*In The Cave With The Master*"

この映像には、古代の師たちから伝授されてきたヨーガが映し出されている。希少の者しか知らない霊性の真実がこの現代にも存在するということがここに明かされる。これは数千年来変わることのない師と弟子の聖なる関係の一端が、実話として記録されたドキュメンタリーである。（全編58分）

¥4,000（税込）＋ 送料 ¥200

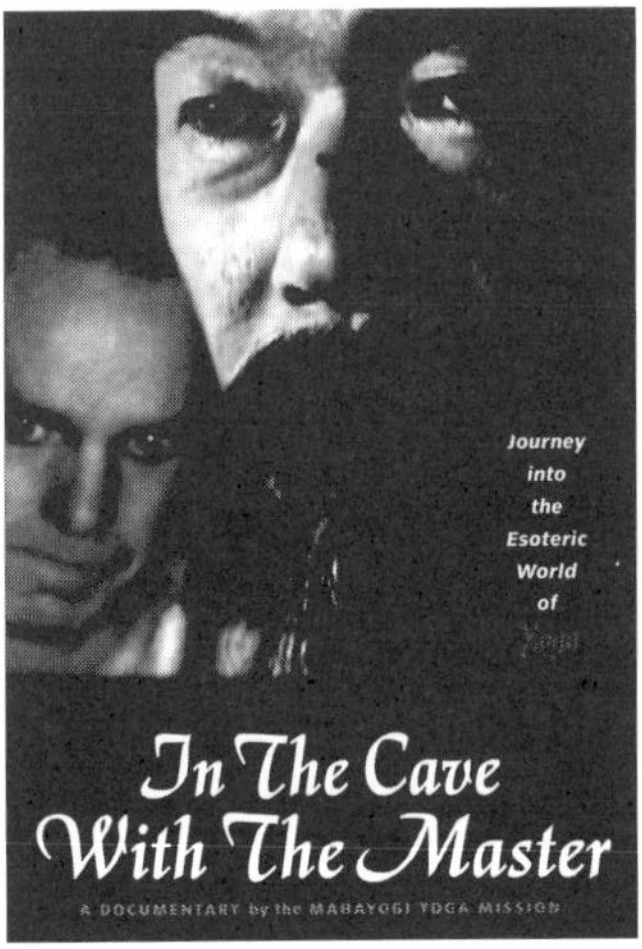

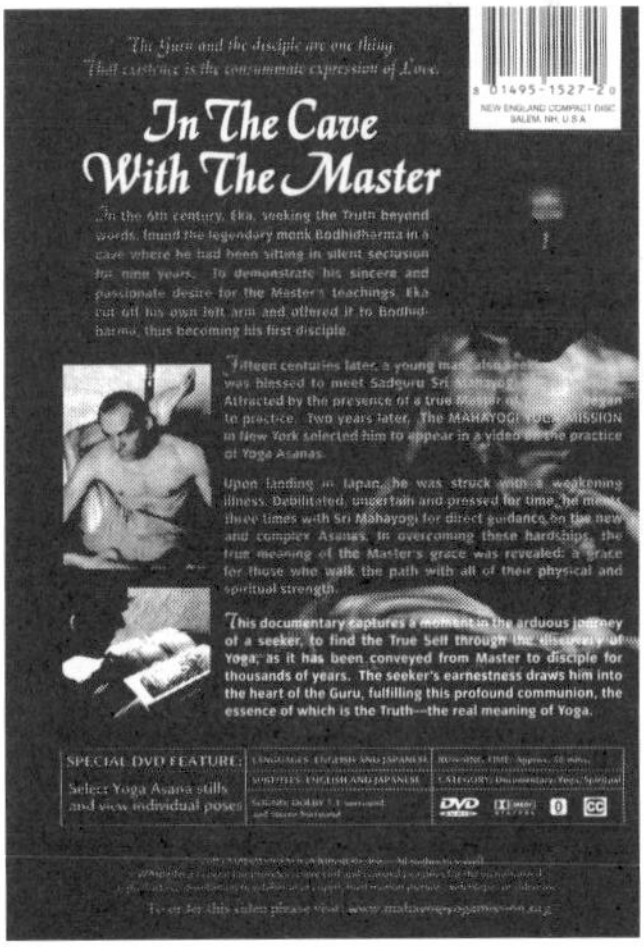

隔月刊ミッション会誌　**パラマハンサ**

〔主な内容〕●質問者のさまざまな疑問に応えるシュリー・マハーヨーギー・パラマハンサの明解な教えと具体的な導き　●ヨーガと古今東西の聖賢たちの教えの真義　●現代の修行者たちの歩みとその軌跡（B5判）

¥5,000（税込）／年 ＋ 年間送料 ¥1,000

お申し込みについて

ご希望の商品代金、送料を合わせ、郵便振替にてお申し込みください。
※通信欄に「希望商品名」「数量」を明記してください。
郵便振替 01010-2-48069 MAHAYOGI YOGA MISSION

マハーヨーギー・ヨーガ・ミッション刊行書

プラナヴァ・サーラ

サットグル・シュリー・マハーヨーギー・パラマハンサの福音

1996年、ニューヨークの人々の心に霊的感動をもたらしたシュリー・マハーヨーギー・パラマハンサのダルシャン――聖なる一瞥とプラナヴァ――真理の言葉の精髄が、臨場感溢れる筆致で見事に描かれている。

（B6変形判　320頁）

¥3,000（税込）＋送料¥300

ヨーガの福音

サットグル・シュリー・マハーヨーギー・パラマハンサの教え

シュリー・マハーヨーギー・パラマハンサのインスパイアに満ちた教えを、真実の実現に向けて編集した実践的福音書。

（ポケット判　186頁）

¥1,800（税込）＋送料¥200

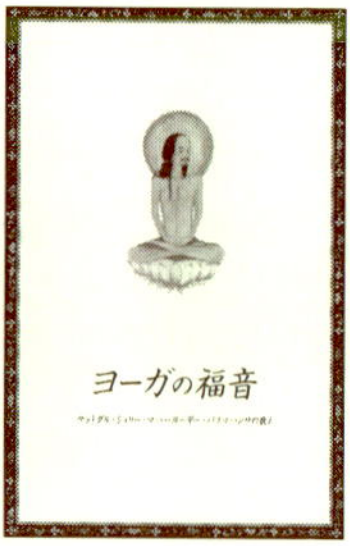

The Universal Gospel of Yoga

The Teachings of
Sadguru Sri Mahayogi Paramahamsa

― *English* ―

Art Paperback. 222Pages.
ISBN：0－9663555－1－2

¥2,400（税込）＋送料¥200

悟り

二〇〇八年四月八日　初版第一刷発行

著　者　サットグル・シュリー・マハーヨーギー・パラマハンサ

編　者　マハーヨーギー・ヨーガ・ミッション

発行者　今東成人

発行所　東方出版株式会社

大阪市天王寺区大道一－八－十五　郵便番号五四三－〇〇五二

電話（〇六）六七七九－九五七一　FAX（〇六）六七七九－九五七三

印刷所　亜細亜印刷株式会社

装　幀　アートマン

ISBN 978-4-86249-102-2 C0015